A ESSÊNCIA DA
Vontade

EDITORA AFILIADA

COLEÇÃO PENSAMENTOS E TEXTOS DE SABEDORIA

A ESSÊNCIA DA
Vontade

**A ESSÊNCIA DA SABEDORIA DOS
GRANDES GÊNIOS DE TODOS OS TEMPOS**

MARTIN CLARET

A ARTE DE VIVER

Créditos

© Copyright Editora Martin Claret, 2002

IDEALIZAÇÃO E REALIZAÇÃO
Martin Claret

CAPA
História de Nastagio Degli Onesti - Terceiro Episódio (detalhe), Sandro Botticelli
(Ver pág. 125)

MIOLO
Revisão
Rosana Citino

Direção de Arte
José Duarte T. de Castro

Digitação
Conceição A. Gatti Leonardo

Editoração Eletrônica
Editora Martin Claret

Fotolitos da Capa
OESP

Papel
Off-Set, 75g/m²

Impressão e Acabamento
Paulus Gráfica

EDITORA MARTIN CLARET
R. Alegrete, 62 – Bairro Sumaré – São Paulo-SP
CEP 01254-010 - Tel.: (11) 3672-8144 – Fax: (11) 3673-7146
www.martinclaret.com.br

Agradecemos a todos os nossos amigos e colaboradores — pessoas físicas e jurídicas — que deram as condições para que fosse possível a publicação deste livro.

Este livro foi impresso no outono de 2002.

A ARTE DE VIVER

Seja profeta de si mesmo

Martin Claret

"A função derradeira das profecias não é a de predizer o futuro, mas a de construí-lo."

Somos criaturas programáveis

Caro leitor: *não é por acaso que você está lendo este livro-clipping. Nada acontece por acaso. Tudo acontece por uma causa.*

Possivelmente a causa de você o estar lendo seja a sua vontade de obter mais informações ou expandir a sua consciência. A causa, também, pode ser a força da minha mentalização.

Cientistas, antropólogos, psicólogos e educadores têm afirmado que o ser humano é uma criatura culturalmente programada e programável.

Eis aí uma grande verdade.

Seu *hardware* e seu *software*

Nosso cérebro e nosso sistema nervoso — o nosso hardware *(a máquina) — é mais ou menos igual em todas as pessoas. A grande diferença que faz a diferença é o que está gravado ou programado no cérebro, isto é, o nosso* software *(o programa).*

Explicando de uma maneira extremamente simplificada, você tem três tipos de programação: 1º) a programação genética (o instinto); 2º) a programação sóciocultural (família, amigos, escola, trabalho, líderes espirituais e políticos, livros, cinema, TVs, etc.); 3º) a autoprogramação ou a programação feita por você em você mesmo.

Na primeira programação você não tem nenhum controle; na segunda, tem controle parcial; e na terceira programação você tem controle total.

É fundamental que você saiba, conscientemente, controlar o terceiro tipo de programação, ou seja, a autoprogramação.

Um método de autoprogramação humana

Todos os livros-clippings da coleção Pensamentos e Textos de Sabedoria *foram construídos para conduzir você a se autoprogramar para um estado de ser positivo, realístico e eficiente.*

Depois de longa pesquisa e vivência — análise e intuição — concluí que há, e sempre houve, um método simples e seguro de autoprogramação.

As informações adquiridas por meio da leitura de "historinhas", parábolas, fábulas, metáforas, aforismos, máximas, pensamentos, etc., podem, eventualmente, atingir seu subconsciente sem passar pelo crivo do consciente analítico e bloqueador. Esta prática permite, sem grande esforço, implantar em seu sistema automático perseguidor de objetivos uma programação incrivelmente podero-

sa e geradora de ação.

Sabemos — o grande objetivo da educação não é apenas o saber, *mas a* ação.

Um dos maiores Mestres de nosso tempo e um gênio na Arte de Viver, formalizou com incrível simplicidade este princípio quando ensinou: "Pedi e vos será dado; buscai e achareis; batei e vos será aberto. Pois todo o que pede, recebe; o que busca, acha; e ao que bate, se abrirá."

Hoje, em plena era da informática, com a conseqüente revolução da comunicação, estamos compreendendo esses eficientes recursos que temos inerentemente dentro de nós.

Um livro "vivo" e motivador

A coleção Pensamentos e Textos de Sabedoria *foi idealizada e construída para nos programar (autoprogramar) para a plenitude da vida. São 72 volumes de 128 páginas, no formato de bolso 11,5 x 18 cm, com textos essencializados, de alta qualidade gráfica, periodicidade mensal, baixo custo e distribuição em nível nacional.*

Este livro começa onde o leitor o abrir. Ele não tem início nem fim. Pode continuar na nossa imaginação.

A essência da sabedoria dos grandes mestres espirituais, líderes políticos, educadores, filósofos, cientistas e empreendedores está aqui reunida de uma maneira compacta e didaticamente apresentada.

Buscamos a popularização do livro.

A foto e o pequeno perfil biográfico do autor de cada pensamento têm a função de facilitar a visualização do leitor. As "historinhas", ou "cápsulas" de informação, estão apresentadas com extrema concisão. Os 36 primeiros volumes abordam os mais importantes assuntos do conhecimento humano; os 36 volumes restantes focalizam 36 personalidades que mais influíram no nosso modo de pensar. Cada título da coleção Pensamentos e Textos de Sabedoria *é um livro "vivo", motivador e transformador. Oferecemos o livroterapia.*

Uma paixão invencível

Minha permanente paixão cultural (já o disse em outros trabalhos) é ajudar as pessoas a se auto-ajudarem. Acredito ser esta minha principal vocação e missão. Quero "claretizar" as pessoas, ou seja, orientá-las no sentido de que vivam plenamente e tenham uma visão univérsica do mundo. Que sejam e que vivam harmonizadamente polarizadas.

Você tem o poder de genializar-se.

Este é o meu convite e o meu desafio lançado a você, leitor. Participe do "Projeto Sabedoria" e seja uma pessoa cosmo-pensada e auto-realizada.

"Pensar que É faz realmente SER".

Leitor amigo: vamos, juntos, construir uma poderosa força sinérgica para o nosso desenvolvimento pessoal e para o desenvolvimento de todas as pessoas de boa vontade.

Comece rompendo seus limites, modelando os grandes gênios. Visualize-se como já sendo "um vencedor do mundo".

Seja profeta de si mesmo.

A ARTE DE VIVER

MAHATMA GANDHI - Líder político e espiritual da Índia cuja sabedoria e postura humanista tornaram-no conhecido no mundo inteiro. Através da filosofia da não-violência, libertou a Índia do colonialismo britânico. Nasceu em Porbandar (Estado de Kathiavar), no norte da Índia. Estudou Direito em Londres. Escreveu mais de duas centenas de livros sobre religião, saúde e política. Sua obra mais conhecida é a autobiografia *Minha Vida e Minhas Experiências com a Verdade*. Por razões políticas foi assassinado em 1948, em Nova Délhi. (1869 - 1948)

> Aquele que, pela vontade, dominou os sentidos é o primeiro e mais importante dos homens.

A ARTE DE VIVER

A experiência existencial da vontade

Roberto Assagioli

A experiência da vontade constitui, ao mesmo tempo, um alicerce firme e um forte incentivo para o início da exigente, porém extremamente compensadora tarefa de seu treinamento. Esta ocorre em três fases: a primeira é o reconhecimento de que a *vontade existe;* a segunda refere-se à constatação de *ter uma vontade.* A terceira fase da descoberta, e que a torna completa e efetiva, é a de *ser uma vontade* (e isto é diferente de "ter" uma vontade).

A descoberta da vontade é difícil de descrever; como acontece com qualquer outra experiência, não se pode comunicá-la totalmente por meio de palavras, mas pode-se indicar os caminhos que conduzem a ela e a favorecem. A analogia da descoberta da beleza, do despertar do senso estético pode ser elucidativa: ocorre uma revelação, um "despertar", que pode acontecer enquanto a pessoa contempla os matizes do céu ao pôr-do-sol, ou uma cordilheira de majestosas montanhas com picos cobertos de neve, ou dentro dos olhos de uma criança. Pode acontecer enquanto se contempla o sorriso enigmático da *Gioconda* de Leonardo, ao ouvir a música de Bach ou de

Beethoven, ou ao ler os inspirados versos dos grandes poetas.

O senso de beleza, uma vez desperto, embora a princípio tênue e indistinto, elucida-se e se desenvolve no decorrer de repetidas experiências de natureza estética e pode igualmente ser cultivado e refinado por meio do estudo da estética e da história da arte. Mas não há consideração intelectual ou estudo que possa, por si só, tomar o lugar da revelação inicial.

O despertar pode ser facilitado e não raro provocado pela criação de uma atmosfera favorável; por exemplo, pela contemplação tranqüila e repetida de um cenário natural, ou de obras de arte, ou, ainda, por abrir-se para o encanto da música.

O mesmo é válido em relação à vontade. Em dado momento, talvez durante uma crise, pode-se ter uma vívida e inequívoca experiência da realidade e da natureza da vontade. Quando um perigo ameaça paralisar-nos, surge repentinamente das misteriosas profundezas do ser uma força insuspeitada que nos dá condições de firmar o pé na beira do precipício ou de confrontar calma e resolutamente o agressor. Diante da atitude ameaçadora de um superior injusto ou ao defrontar uma turba agitada, quando razões pessoais nos induziriam a ceder, é a vontade que nos dá forças para dizer resolutamente: "Não! Custe o que custar, sustentarei minhas convicções; farei o que julgo ser correto!" De igual modo, quando assaltados por uma tentação sedutora e insinuante, a vontade nos reanima, arrancando-nos da nossa aquiescência e libertando-nos da cilada.

A experiência interior de "querer" pode também manifestar-se de outros modos mais tranqüilos e sutis. Durante as horas de meditação e silêncio; enquanto examinarmos com atenção nossas motivações; nos momentos de deliberação e decisão refletida, às vezes uma "voz" sutil, mas inteligível, se faz ouvir e incita-nos a determinada linha de ação; trata-se de um estímulo diverso dos nossos impulsos e motivos cotidianos. Sentimos que ele provém do âmago, do centro do ser. Ou ainda uma iluminação interior nos torna conscientes da *realidade* da vontade, por meio de uma convicção tão forte que se afirma de um modo irresistível.

Todavia, o modo mais simples e freqüente de descobrirmos nossa própria vontade é através da ação e da luta determinada. Ao realizarmos um esforço físico ou mental, ou em ocasiões de luta ativa contra um obstáculo, ou de confrontação com forças opostas, sentimos que dentro de nós surge uma força: é a energia interior que nos proporciona a experiência de "querer".

Tomemos plenamente consciência do significado total e do imenso valor da descoberta da vontade. Aconteça do modo que acontecer, espontaneamente ou pela ação consciente, numa crise ou na quietude de recordações íntimas, essa descoberta constitui um evento dos mais importantes e decisivos de nossas vidas.

A descoberta da vontade em nós próprios e, mais ainda, a tomada de consciência de que o *self* e a vontade estão intimamente ligados, pode acontecer como uma genuína revelação e pode modificar, não raro radicalmente, a autoconsciência de um indivíduo e toda a sua atitude em relação a si mesmo, a outras pessoas e ao mundo. Ele percebe que é um "sujeito vivo", dotado do poder de escolher, de relacionar, de suscitar modificações em sua própria personalidade, nos outros e nas circunstâncias. Esta tomada de consciência, este "despertar", esta visão de novas e ilimitadas potencialidades de expansão interior e de ação exterior proporciona um sentimento de confiança, de segurança, de alegria — e um senso de "integridade".

Mas esta revelação inicial, esta luz interior, posto que vívida e inspiradora, no momento em que ocorre, pode empalidecer, tremular e apagar-se ou brilhar apenas intermitentemente. A nova tomada de consciência do *self* e da vontade facilmente submerge nas constantes vagas dos impulsos, desejos, emoções e idéias. Ela é empurrada pela incessante onda de impressões do mundo exterior. Torna-se, portanto, evidente a necessidade de proteger, de cultivar e de fortalecer o que foi inicialmente adquirido, a fim de que se consolide sua conquista e sejam utilizadas suas grandes possibilidades.

Mas quando uma pessoa se entrega a essa tarefa, depara com dificuldades e resistências. A primeira resistência provém freqüentemente dos mal-entendidos correntes, com respeito à natureza da vontade. Prevalece ainda hoje a concepção vitoriana da vontade como algo de severo e proibitivo, que condena e reprime a maioria dos outros aspectos da natureza humana. Porém, tal noção falsa pode ser chamada de caricatura da vontade. A verdadeira função da vontade não é atuar contra os impulsos da personalidade e *forçar* a realização de propósitos. A vontade tem função *diretriz* e *reguladora*, equilibra e utiliza construtivamente todas as demais energias do ser humano sem nunca reprimir nenhuma delas.

A função da vontade é semelhante à do timoneiro de um navio. Ele sabe qual deve ser o rumo e mantém firmemente o braço na direção certa, apesar dos desvios causados pelo vento e pela correnteza. A força de que necessita para segurar o leme é inteiramente diferente da que propulsiona o navio pelo mar afora, seja ela proveniente dos geradores, dos ventos nas velas, ou do esforço de remadores.

Outra forma de resistência provém da tendência geral à inércia, geralmente presente, que permite que o lado "comodista" da natureza assuma o controle e deixe que os impulsos internos ou as influências externas dominem a personalidade. Essa tendência pode ser resumida como "uma relutância de se dar ao trabalho" ou de pagar o preço exigido por um empreendimento compensador. Isso quase sempre é verdade no tocante ao desenvolvimento da vontade, mas não se pode razoavelmente esperar que o treinamento da vontade possa ser realizado sem dispêndio de esforços e a persistência requeridos para o desenvolvimento bem-sucedido de qualquer qualidade, seja física ou mental. Tal esforço seria mais que compensador, visto que a utilização da vontade está na base de toda atividade. Eis por que uma vontade mais desenvolvida há de melhorar a eficácia de todos os empreendimentos futuros.

(In: *O Ato da Vontade,* Roberto Assagioli, Editora Cultrix, São Paulo, 1993.)

A ARTE DE VIVER

NAPOLEON HILL - Escritor norte-americano, nasceu em Wire County, Virgínia. Desde a década de 20, quando publicou seu primeiro livro com mensagens de estímulo, otimismo e autoconfiança, Napoleon Hill, um orador inspirado, motivou milhões de pessoas a assumir o comando de suas vidas e a criar para si o futuro que desejavam (1937). Em sua obra-prima *Pense e Enriqueça*, Hill transmite uma mensagem de esperança, apoiada em princípios viáveis. Escreveu também *Law of Sucess* (1928), *A Escada Mágica Para o Sucesso* (1930) e *Mental Dypramite* (1941), e *How To Raise Your Own Salary* (1953). (1883 - 1970)

> *O entusiasmo é a maior força da alma. Conserva-o... e nunca te faltará poder para conseguirres o que desejas.*

A ARTE DE VIVER

Vontade, segundo o Novo Dicionário Aurélio

Vontade. [Do lat. *voluntate*] S. f. **1.** Faculdade de representar mentalmente um ato que pode ou não ser praticado em obediência a um impulso ou a motivos ditados pela razão. **2.** Sentimento que incita alguém a atingir o fim proposto por esta faculdade; aspiração; anseio; desejo: *Sentiu vontade de rever a terra natal*; "Mudam-se os tempos, mudam-se as vontades" (Luís de Camões, *Rimas*, p. 178). **3.** Capacidade de escolha, de decisão: *vontade firme; vontade fraca; casar por legítima vontade; não ter vontade própria.* **4.** Deliberação, decisão ou arbítrio que parte de entidade superior: "seja feita a vossa vontade" (do padre-nosso); *a vontade do governo; a vontade do povo.* **5.** Ânimo firme; firmeza, coragem: *Sua vontade vence obstáculos.* **6.** Capricho, fantasia; veleidade: *Vê-se que é filho único: é cheio de vontades.* **7.** Desejo, decisão ou determinação expressa: *as últimas vontades de um morto.* **8.** Empenho, interesse, zelo: *Pôs toda a vontade na execução do plano.* **9.** Disposição do espírito, espontânea ou compulsiva: *vontade de estudar, de fazer teatro; Não pode conter a vontade de rir.* **10.** Necessidade fisiológica: *vontade de comer, de dormir, de vomitar.* **11.** *Pop.* Tendência (observada nas coisas): *O carro está com vontade de enguiçar.* •**Vontade de ferro.** Firmeza e energia nas decisões; força de caráter. **Vontade de potência.** *Filos.* Segundo Nietzsche [v. nietzschiano], impulso fundamental inerente a todos os seres vivos, que se manifesta na aspiração sempre crescente de maior poder de dominação. **À vontade. 1.** Sem constrangimento; a cômodo; a bel-prazer: *Esteja à vontade, a casa é sua.* **2.** À larga; com fartura; sem peias: "Frutas e leite à vontade, cavalos e armas quando quiseres e caça não falta." (Coelho Neto, Treva, p. 82); *Sirva-se à vontade.* **3.** *Mil. Voz* de comando que indica permissão para afrouxar o rigor da posição de formatura ou de marcha, para descanso. [Cf. à-vontade.] **Boa vontade. 1.** Disposição favorável; benevolência. **2.** *Filos.* Segundo Kant [v. kantismo], vontade movida pela pura noção de dever, excluídos quaisquer outros motivos. *Com vontade.* Com gosto; com gana; com prazer. **Contra vontade.** Com repugnância; a contragosto. **De vontade.** Com disposição e prazer; espontaneamente; por vontade. **Estar com vontade de.** Haver aparência de, indício ou prenúncio (que se vai produzir certo fenômeno atmosférico): *Está com vontade de chover, Está com vontade de nevar.* **Má vontade.** Disposição desfavorável; prevenção. **Por vontade.** *V. de vontade.* **Pôr em sua vontade.** Tomar uma decisão; determinar, decidir sem hesitação.

(In: *Novo Dicionário Aurélio,* Aurélio Buarque Holanda Ferreira, Editora Nova Fronteira, Rio de Janeiro, 1975.)

A ARTE DE VIVER

JOSÉ DA SILVA MARTINS - Escritor e empresário, nascido em Braga (Vila Verde), Portugal. Por vários anos foi presidente de importante indústria francesa no Brasil. Está no *Guiness Book*, o livro dos recordes, como o escritor brasileiro mais idoso, por publicar seu primeiro livro, *Sabedoria e Felicidade*, aos 84 anos de idade. É autor, também, dos livros: *Santo Antônio de Lisboa, de Coimbra, de Pádua e de Todo o Mundo* e *Bach, sua Vida e o Cravo Bem-Temperado*. (1898 -   )

> **A vontade é a expressão do verbo divino que reside em cada um de nós. É o poder de livre determinação desenvolvido em cada homem e constitui a sua força de direção pessoal e de influência sobre os outros.**

A ARTE DE VIVER

"Seja feita a Tua vontade"

Segundo Mateus

No Getsêmani

E foram a um lugar cujo nome é Getsêmani. E ele disse a seus discípulos: "Sentai-vos aqui enquanto vou orar". E, levando consigo Pedro, Tiago e João, começou a apavorar-se e a angustiar-se. E disse-lhes: "A minha alma está triste até a morte. Permanecei aqui e vigiai." E, indo um pouco adiante, caiu por terra, e orava para que, se possível, passasse dele a hora. E dizia: "*Abba!* [b] Ó Pai! A ti tudo é possível: afasta de mim este cálice; porém, não o que eu quero, mas o que tu queres." Ao voltar, encontra-os dormindo e diz a Pedro: "Simão, estás dormindo? Não foste capaz de vigiar por uma hora? Vigiai e orai para que não entreis em tentação: pois o espírito está pronto, mas a carne é fraca." E, afastando-se de novo, ele orava dizendo a mesma coisa. E, ao voltar, de novo encontrou-os dormindo, pois os seus olhos estavam pe-

---

[b] *Abba* é um termo aramaico que, nos lábios de Jesus, exprime a familiaridade do Filho com o Pai (cf. Mt 11,25-26p; Jo 3,35;5,19-20;8,28-29, etc.). Assim será na boca dos cristãos (Rm 8,15; Gl 4,6) os quais o Espírito (Rm 5,5+) faz filhos de Deus (Mt 6,9;17 25+; Lc 11,2, etc.).

sados de sono. E não sabiam o que dizer-lhe. E, vindo, pela terceira vez, disse-lhes: "Dormi agora e repousai. Basta! A hora chegou! Eis que o Filho do Homem está sendo entregue às mãos dos pecadores. Levantai-vos! Vamos! Eis que o meu traidor está chegando."

Segundo Marcos

No Getsêmani

Então Jesus foi com eles a um lugar chamado Getsêmani [r], e disse aos discípulos: "Sentai-vos aí enquanto vou até ali para orar". Levando Pedro e os dois filhos de Zebedeu, começou a entristecer-se e a angustiar-se. Disse-lhes, então: "A minha alma está triste até a morte [s]. Permanecei aqui e vigiai comigo." E, indo um pouco adiante, prostrou-se com o rosto em terra e orou: "Meu Pai, se é possível, que passe de mim este cálice; contudo, não seja como eu quero, mas como tu queres [t]". E, ao voltar para junto dos discípulos, encontra-os dormindo. E diz a Pedro: "Como assim? Não fostes capazes de vigiar comigo por uma hora! Vigiai e orai, para que não entreis em tentação, pois o espírito está pronto, mas a carne é

---

r) O nome significa "lagar de azeite". Ficava situado no vale de Cedron, ao pé do monte das Oliveiras.

s) Expressão cuja forma literária evoca Sl 42,6 e Jn 4,9.

t) Jesus sente em toda a sua força o pavor que a morte inspira ao homem; experimenta e exprime o desejo natural de escapar dela, embora o reprima pela aceitação da vontade de seu Pai. Cf. 4,1+.

fraca." Afastando-se de novo pela segunda vez, orou: "Meu Pai, se não é possível que isto passe sem que eu o beba, seja feita a tua vontade!" E ao voltar de novo, encontrou-os dormindo, pois os seus olhos estavam pesados de sono. Deixando-os, afastou-se e orou pela terceira vez, dizendo de novo as mesmas palavras. Vem, então, para junto dos discípulos e lhes diz: "Dormi agora e repousai [u]: eis que a hora está chegando e o Filho do Homem está sendo entregue às mãos dos pecadores. Levantai-vos! Vamos! Eis que meu traidor está chegando."

Segundo Lucas

No monte das Oliveiras

Ele saiu e, como de costume, dirigiu-se ao monte das Oliveiras. Os discípulos o acompanharam. Chegando ao lugar, disse-lhes: "Orai para não entrardes em tentação".

E afastou-se deles mais ou menos a um tiro de pedra e, dobrando os joelhos [d], orava: "Pai, se queres, afasta de mim este cálice! Contudo, não a minha vontade, mas a tua seja feita!" Apareceu-lhe um anjo

---

[u] Ou: "Agora podeis dormir e repousar". Censura revestida de uma doce ironia: A hora em que devíeis vigiar comigo passou. O momento de prova chegou e Jesus a enfrentará sozinho; os discípulos podem dormir, se quiserem.

[d] A oração se fazia normalmente de pé (cf. 1Rs 8,22; Mt 6,5; Lc 18,11) mas também de joelhos, quando se tornava mais intensa ou mais humilde (cf. Sl 95,6; Is 45,23; Dn 6,11, At 7,60; 9,40;20,36;21,5).

do céu que o confortava. E, cheio de angústia, orava com mais insistência ainda, e o suor se lhe tornou semelhante a espessas gotas de sangue que caíam por terra [e].

Erguendo-se após a oração, veio para junto dos discípulos e encontrou-os adormecidos de tristeza. E disse-lhes: "Por que estais dormindo? Levantai-vos e orai, para que não entreis em tentação!"

(In: *A Bíblia de Jerusalém - Novo Testamento*, Edições Paulinas, São Paulo, 1976.)

---

[e] Embora omitidos por alguns bons documentos, os vv.43-44 devem ser mantidos. Atestados no séc. 2 por numerosos documentos, eles tem o estilo e o cunho de Lc. Sua omissão se explica pelo cuidado de evitar um rebaixamento de Jesus, julgado demasiadamente humano.

> Quando você se vê freqüentemente atingindo uma meta em sua imaginação, começa a acreditar que pode atingi-la na vida real.

Walter Doyle Staples

A ARTE DE VIVER

Como vencer a crise e construir um futuro melhor

*Valdemir Alves Ribeiro**

No pós-guerra o Japão se encontrava em verdadeira crise. O aniquilamento psicológico e moral se abatia sobre os japoneses. Um povo samurai, guerreiro e destemido, cheio de orgulho e determinação para vencer a guerra, avançava estrategicamente sobre os inimigos. Parecia que nada poderia detê-los. Com a operação *kamikazi*, seu lema era vencer ou morrer. De repente duas bombinhas feitas com a menor partícula da matéria, arrasa duas cidades japonesas; e o grande quase gigante cai por terra.

O Japão se encontrava diante de uma crise material, econômica, social, e a pior de todas, a crise moral. A crise gerada pela guerra forçou os japoneses a pensar, refletir e a buscar soluções para os seus problemas. E o maior de todos os problemas: renascer das cinzas e reconstruir o país novamente. Já disseram que para se construir é necessário destruir. Do caos nasce a vida.

---

* Consultor em marketing de incentivos, motivação e modelagem de excelência em vendas.

O Japão que até a guerra era praticamente um país feudal, graças à crise e aprendendo muito com a derrota, ressurgiu do fracasso, deu a volta por cima e tornou-se em menos de quarenta anos uma das maiores potências econômicas do mundo, apesar do tamanho minúsculo.

Aí está o benefício das crises: ela nos coloca contra a parede e nos força a pensar, a refletir e a buscar soluções para resolver nossas dificuldades.

A pior inimiga da evolução do homem é a acomodação motivada por situações favoráveis. Todo organismo vivo, seja homem, animal, organização ou nação entra num ciclo de nascimento, crescimento, maturidade, complacência, estagnação e morte. Quando o ser humano pára de crescer e se desenvolver, começa a morrer. Se não houver novos objetivos, inovações, novas missões e novos propósitos que alavanquem e estimulem o crescimento, inevitavelmente se cai.

O fator crise avança em proporções epidêmicas. Mas as ondas de boatos ou veracidade sobre ela não tem poder nenhum sobre ninguém. A não ser o valor e a crença que se atribui a ela. Pior que a crise global é a crise individual. A crise que cada um de nós tem o livre-arbítrio de criar em nossas mentes. Qual é a sua crise leitor? E qual é a influência que ela exerce sobre você? O poder que ela tem, é o poder que você dá a ela. A maior força da crise é a psicológica, assim como de qualquer dificuldade aceita pela mente.

Estamos vendo um cenário lúgubre, sem perspectivas e sem futuro? A melhor maneira de se combater qualquer crise é enfrentando-a com coragem, determinação, criatividade, iniciativa, inovação, trabalho, muito trabalho com a crença inabalável de que é possível vencê-la. Na hora da crise, sem uma crença, o que prevalece é a perturbação e o desespero. Quando aparece o desânimo e o chão parece movediço e inseguro, é o propósito — o sentido de missão e de objetivos a cumprir que restaura energias e solidifica as bases para a reconstrução. Sem fé e determinação, nada se movimenta, somos arrastados pela inércia, sabe-se lá para onde.

Vacine-se contra a crise. Ela opera por contágio. Não se contamine. Toda tempestade é passageira. Toda crise também. Não deixe que os pessimistas, os profetas do apocalipse e das tragédias exerçam força sobre você, seu negócio e seus clientes. Quando um barco está andando, prevalece a lei do "salve-se quem puder". É a lei da covardia. O melhor seria: salvemo-nos todos nós. É a lei da sinergia. Existem soluções alternativas para todo tipo de problema. Busque as suas. Crie grupos criativos de soluções miraculosas. Uma motivação forte e um desafio consegue fazer do nada uma coisa grandiosa. Faça intercâmbio de idéias e soluções. Inove. Renove. Aja. Exercite sua força de vontade. Tome decisões. Assuma riscos. Quando o homem colocou os pés na lua, acabou-se o impossível.

O homem tecnologicamente está de parabéns. Do tacape de pedra do troglodita até hoje, houve uma evolução fantástica. Invenções e criação que mudaram o destino da humanidade. Os nossos ancestrais, com o pouco que tinham, construíram o muito que temos hoje.

Já se inventou quase tudo. Já se fez quase nada. Mas para nós, o grande desafio daqui para frente é fazer o que ainda ninguém fez.

Para se andar um quilômetro é necessário dar

o primeiro passo. Dê o primeiro passo na busca de soluções. MOVA-SE. A VIDA É MOVIMENTO.

Fim de século e fim de era. Para todo final existe sempre uma apoteose que é o momento supremo da criação de alguém. Faça a sua apoteose e a crise será apenas a grande oportunidade para uma vida e um mundo melhor.

(In: *Auto-Motivação para o Sucesso*, prof. Valdemir Alves Ribeiro [livro ainda inédito], São Paulo, 1998.Este texto está sendo publicado no *O Estado de São Paulo*, *A Folha de S. Paulo*, *Revista Exame* e *Diário do Comércio*.)

A ARTE DE VIVER

SUELY BRAZ COSTA - Empresária mineira da cidade de Uberaba, é graduada em Letras e durante muitos anos lecionou Português e Literatura. Foi assessora de assuntos educacionais da Faculdade de Medicina do Triângulo Mineiro. Atualmente é Diretora de Vendas da Zebu Ecológica e presta consultoria de marketing. Em 1992, foi eleita a Empresária do Ano. É autora, entre outros, dos livros *De Bóia-Fria a Empresário Internacional*, *Administração Holística — A Intuição como Diferencial* e *Cada Pessoa é Uma Empresa*, sobre os quais profere palestras pelo Brasil.

> *Viva com vontade. A vontade é o nutriente e a fortaleza na concretização de seus objetivos e sonhos. É a varinha mágica para o sucesso.*

A ARTE DE VIVER

De onde vem o talento?

Revista Você S.A.

A palavra talento nasceu na Grécia. *Tálaton* era o termo usado para designá-la. Mais tarde, os romanos trocaram o *a* pelo *e* e a palavra virou *talentum*. Nos primórdios, queria dizer balança, depois os pratos da balança e, por associação, o ato de pesar. Era adotado como unidade de peso pelos antigos hebreus, egípcios, gregos e romanos. Um talento equivalia a algo como 25,8 quilos de ouro ou de prata. Era subdividido em minas, da mesma forma que o quilo o é em gramas (um talento tinha 60 minas). Foi nesse período que o sentido da palavra começou a mudar: quem tinha talentos era poderoso. E para possuir ouro ou prata, era preciso saber algo que ninguém mais sabia ou ter o que pouca gente tinha. Mais tarde, como sabe qualquer leitor de *Asterix*, o talento virou moeda e circulou em Roma e na Grécia. Nessa época, tinham talento as pessoas que se destacavam, que tinham valor, como os generais de exército ou os senadores. Coisa da elite, enfim.

"Foi no cristianismo que a palavra começou a se popularizar com o sentido que tem hoje", afirma o professor Flávio de Giorgi, um dos maiores especialistas brasileiros em etimologia. "O responsável por isso foi o *Evangelho de São Mateus*, capítulo 25."

De fato, lá está a "Parábola dos Dez Talentos". Nela um senhor de terra chamou três servos e "a um deu 5 talentos, a outro 2 e a outro 1, segundo a capacidade de cada servo". Reforça-se aqui a idéia de que quem tem mais habilidade tem mais talento. O versículo 29 vai além: "a qualquer um que tiver (talento) será dado, e terá em abundância. Mas ao que não tiver (talento) até o pouco que tem ser-lhe-á tirado". Ou seja, se você tem talento, cuide muito bem dele. Ele é o seu capital.

(In: *Revista Você S. A. / Exame,* outubro/98, Grupo Abril, São Paulo, 1998.)

A ARTE DE VIVER

JOSÉ DE ALENCAR - Romancista, teatrólogo, crítico e político brasileiro, nascido em Macejana, Ceará. Foi também advogado e jornalista. Seu primeiro grande sucesso literário foi O *Guarani*, romance abordando tema indianista. Foi também político, elegendo-se deputado. Ocupou alguns cargos de destaque: ministro da Justiça e membro da Academia Brasileira de Letras.

Desiludido com a política, passou a dedicar-se somente à Literatura. Escreveu muitos romances. A maioria deles são muito conhecidos. Entre eles encontram-se *Iracema*, *Ubirajara* e *A Pata da Gazela*. (1829 - 1877)

> É o entusiasmo que faz o poeta, o sábio, o guerreiro; é o entusiasmo que faz o homem-idéias diferente do homem-máquina.

A ARTE DE VIVER

Vontade e imaginação

Émile Coué

Se abrirmos um dicionário e procurarmos saber o sentido da palavra *vontade*, encontraremos esta definição: "Faculdade de praticar ou não, livremente, algum ato". Aceitaremos essa definição como verdadeira, irrepreensível. Mas não pode haver maior engano, pois essa vontade, que reivindicamos com tanta altivez, cede sempre o passo à imaginação. É uma regra *absoluta* que não padece *exceção* alguma.

Blasfêmia! Paradoxo! — bradarão. De forma alguma. Verdade, pura verdade, lhes responderei. E, para se convencerem, abram os olhos, olhem em torno de si e saibam compreender aquilo que vêem. Hão de ver, então, que o que lhes digo não é uma teoria aérea, produzida por um cérebro doente, mas a simples expressão daquilo que realmente é.

Suponhamos que há no solo uma tábua de dez metros de comprimento por vinte e cinco centímetros de largura. Está claro que todo mundo é capaz de ir de uma ponta a outra dessa tábua, sem pôr o pé fora dela. Mudemos, porém, as condições da experiência e façamos de conta que está colocada à altura das torres de uma catedral. Quem terá, então, a coragem de avançar um metro apenas, nessa estreita passagem? São os senhores que me lêem? Não, sem dúvida. Antes de darem dois passos, começarão a tremer, e, *apesar de todos os esforços de vontade,* fatalmente cairão ao solo.

Por que não cairão, se a prancha estiver em terra, e por que hão de cair estando ela no alto? Tudo, simplesmente, porque no primeiro caso, aos senhores se *afigura* que é fácil ir de uma ponta a outra da tábua, ao passo que no segundo, julgam-no impossível, julgam que o *não podem.*

Observem que os senhores têm *boa vontade* de avançar; se *imaginam* que o *não podem,* ficam na impossibilidade *absoluta* de fazê-lo.

Se os pedreiros, os carpinteiros são capazes de executar esse ato, é porque eles imaginam que o podem fazer.

A vertigem só é causada pela imagem que se nos afigura de que vamos cair; essa imagem se transforma imediatamente em ato, *apesar de todos os nossos esforços de vontade,* tanto mais depressa quanto mais violentos são esses esforços.

Consideremos uma pessoa atacada de insônia. Se ela não faz esforços para dormir, ficará sossegada no leito. Se ao contrário, *quer* dormir, quanto mais se esforça, mais agitada fica.

Não sei se observaram que, quanto mais a gente procura se lembrar do nome de uma pessoa, que se julga ter esquecido, mais ele foge à lembrança, até o momento em que, mudando-se no espírito a idéia de "não me lembro" pela de "já me lembro", o nome nos vem naturalmente, sem o menor esforço.

Aqueles que andam de bicicleta se recordam de que, quando aprendiam a andar nessa máquina, iam pela estrada, segurando-se no guidão, na persuasão de que iriam cair. De repente, enxergando no meio do caminho um cavalo ou mesmo simplesmente, uma pedra, procuravam evitar o obstáculo; porém, quanto mais esforços faziam, mais diretos iam em direção a ele.

A quem não aconteceu dar uma gargalhada, uma risada que estalava tanto mais impetuosamente quanto maiores eram os esforços que faziam para a conter?

Qual era o estado de espírito de cada um, nestas várias circunstâncias? Eu não quero cair, mas *não posso impedi-lo; quero* dormir, mas *não posso; quero* lembrar o nome da senhora *Tal*, mas *não posso;* quero evitar o obstáculo, mas *não posso*; quero conter a minha risada, mas *não posso*.

Como se vê, em cada um desses conflitos é sempre a *imaginação* que sobrepuja a *vontade*, sem exceção alguma.

Seguindo a mesma ordem de idéias, não vemos um comandante que se precipita para diante, à frente das suas tropas, e os seus subordinados acompanhá-lo, ao passo que o grito "salve-se quem puder" determina, quase fatalmente, uma derrota? Por quê? Porque, no primeiro caso, os homens se *persuadem* de que devem marchar para a frente e, no segundo, *supõem* que estão vencidos e que é preciso fugir para escapar à morte.

Panurge não ignorava o *contágio* do exemplo, isto é, a ação da imaginação, quando, para vingar-se de um negociante com quem viajava, comprava o seu maior carneiro e o atirava ao mar, convencido, de antemão, de que a carneirada toda o acompanharia, o que, aliás, aconteceu.

Nós, homens, parecemo-nos mais ou menos com os dessa raça lanígera e, a contragosto, seguimos irresistivelmente o exemplo alheio *pensando* que não podemos fazer de outro modo.

Poderia citar outros mil exemplos, mas receio que uma enumeração dessa ordem se torne enfadonha. Entretanto, não posso deixar em silêncio um fato que põe em evidência o poder enorme da imaginação, ou por outra, do *inconsciente* na sua luta contra a *vontade*.

Há ébrios que bem quereriam não mais beber, mas não podem abster-se da bebida alcoólica. Indaguem deles, e responderão com toda a sinceridade, que desejariam ser abstêmios, que lhes aborrece a bebida, mas que são irresistivelmente impelidos a beber; apesar da sua vontade, apesar de saberem o mal que isso lhes faz....

Assim, também, certos criminosos cometem crimes, contra a vontade, e quando se pergunta por que agiram dessa maneira, respondem: "Não pude conter-me, aquilo me dava ímpetos, era mais forte do que eu".

O ébrio e o criminoso dizem a verdade; eles são forçados a fazer o que fazem, pela simples razão de cuidarem que não se podem conter.

Destarte, nós que somos orgulhosos da nossa vontade, que acreditamos fazer livremente aquilo que fazemos, não passamos, na realidade, de pobres bonecos, dos quais a nossa imaginação empunha todos os fios. Não deixaremos de ser esses bonecos, enquanto não a soubermos dirigir.

(In: *O Domínio de Si Mesmo pela Auto-Sugestão Consciente*, Émile Coué, Ediouro, Rio de Janeiro, 1970.)

> *Semeia um pensamento, colhe um ato;*
>
> *Semeia um ato, colhe um hábito;*
>
> *Semeia um hábito, colhe um caráter;*
>
> *Semeia um caráter, colhe um destino.*

Marion Lawrence

A ARTE DE VIVER

Programação neurolingüística

Dr. Walter Doyle Staples

Exercício de Reformulação n.º 1 "O criador de confiança"

Fique em uma sala silenciosa e imagine que está sentindo-se extremamente confiante e totalmente à vontade consigo mesmo e com aquilo que o cerca. Isso deve representar uma experiência máxima, ou "alto" mental, algo que você provavelmente experimentou somente poucas vezes em sua vida. Você pode fazê-lo recordando uma ocasião do passado, na qual sentiu-se dessa maneira, ou simplesmente imaginando como se sentiria se estivesse em um estado assim maravilhoso.

Pense agora como seria sua posição, sua respiração e sua aparência nesse elevado estado de bem-estar. À medida que você se conscientiza da sua postura — costas retas, ombros firmes e cabeça alta —, feche o punho de uma das mãos e bata contra a palma da outra várias vezes e com grande vigor e intensidade, gritando a cada vez "Sim, eu posso!" com sua voz mais confiante. À medida que se conscientiza da sua respiração nesse estado de confiança absoluta — lenta, profunda e do abdome — repita o mesmo gesto e a mesma afirmação. Repita a seqüência à medida que se conscientiza da sua expressão facial: olhos, mandíbula e dentes posicionados de forma confiante e confortável. Considere, por alguns momentos, toda a sua fisiologia, enquanto continua a experimentar esse estado intensificado de conscientização.

Faça esse exercício dez vezes por dia, durante uma semana. Depois desse tempo, você terá ancorado esse desejável estado mental em sua realidade subconsciente e poderá recordá-lo quando quiser, antes ou durante qualquer momento de ansiedade, simplesmente fechando o punho e repetindo a afirmação para si mesmo, num sussurro. Sempre lembre-se disso como seu sentimento de *"pense como um vencedor!"* É a sua porta para uma nova realidade e um estimulante futuro.

(In: *Pense como um Vencedor*, Dr. Walter Doyle Staples, Livraria Pioneira Editora, São Paulo, 1994.)

A ARTE DE VIVER

GOETHE (Johann Wolfgang) - Escritor, pintor, músico e cientista alemão. Nasceu na cidade de Frankfurt. É considerado um dos homens mais versáteis do século 18. Dedicou-se às pesquisas biológicas e botânicas. Foi também administrador do ducado de Weimar, a convite do duque daquela cidade. Em Weimar concluiu o estudo (de longos anos) a que deu o nome de *Teoria das Cores*. Sua obra mais conhecida é *Fausto*. (1749 - 1832)

> **Trate as pessoas como se elas fossem o que deveriam ser e você as ajudará a se tornarem aquilo que são capazes de ser.**

A ARTE DE VIVER

Desperte a pessoa cansada ou morta que está dentro de você

Luiz A. Marins Filho, Ph. D.

T enho visto pessoas ainda jovens, de várias idades, dos 18 aos 60 anos, que parecem ter desistido de lutar, desistido de acreditar, desistido, principalmente, de *querer*. *Não deixe isso acontecer com você!* Tenho visto pessoas com seus 40-45 anos que já pensam em se aposentar, em parar, em desistir. As notícias dos jornais, os noticiários da televisão, têm levado as pessoas a achar que o mundo está acabando, que o Brasil não tem mais jeito, que o mundo é só feito de desgraças. *Não deixe isso acontecer com você!* Tenho encontrado pessoas abúlicas, sem vontade, que perderam a capacidade de desejar, de querer, de enfrentar novos desafios. Pessoas que só falam em doença, em crimes, em corrupção, em desgraça. *Não deixe isso acontecer com você!*

É preciso voltar a acreditar, voltar a desejar o sucesso, voltar a querer ardentemente que as coisas dêem certo e agir para que elas dêem certo. É preciso voltar a enxergar o lado positivo das coisas, as pessoas que trabalham e que venceram com honestidade, honradez. É preciso voltar a acreditar na sua própria capacidade de fazer as coisas acontecerem. *É preciso acordar, despertar, ressuscitar aquela pessoa que um dia existiu dentro de você e que acreditava na vida, acreditava na capacidade de lutar, de vencer.* Não se deixe abater pelas más notícias, pelas pessoas negativas, pelas pessoas invejosas. Passe por cima disso tudo e volte a querer, a desejar, a acreditar e principalmente a *fazer as coisas acontecerem pelo seu próprio esforço e persistência.*

O desânimo, o pensamento negativo, a inveja, o individualismo não levam ninguém a lugar algum. Só destroem as pessoas. Só fazem as coisas piorarem. Fico impressionado ao ver quantas pessoas se destroem deixando-se morrer interiormente, não acreditando mais em nada, querendo parar de trabalhar, parar de lutar. *Não deixe isso acontecer com você!*

> Nesta semana gostaria de pedir que você experimentasse deixar de ler notícias ruins, de assistir telejornais negativos que só mostram o crime e a desgraça. Gostaria que você tentasse prestar atenção nas pessoas que trabalham, que lutam, que são animadas com a vida. Esses devem ser nossos exemplos. Do contrário, estaremos vivendo como mortos-vivos, sem esperança, sem garra, sem entusiasmo, sem vontade de viver e vencer. E pela última vez, peço a você que *não deixe isso acontecer com você!* Acredite que você foi feito para o sucesso! BOA SEMANA, SUCESSO!

(In: *Socorro! Preciso de Motivação*, Luiz A. Marins Filho, Ph. D., Editora Harbra, São Paulo, 1998.)

A ARTE DE VIVER

ALEXANDRE HERCULANO - Escritor e historiador português, Alexandre Herculano de Carvalho e Araújo nasceu em Lisboa e estudou diplomacia na torre do Tombo. Antiabsolutista, foi perseguido e refugiou-se na Inglaterra e na França, onde se ocupou de pesquisas históricas. Em sua obras, Alexandre Herculano se mostra um apaixonado pela história de sua terra e pelos costumes de seu povo. Tais características se encontram em *Eurico, o Presbítero* (1844), *O Monge de Cister* (1848), *Lendas e Narrativas* (1851) e *O Bobo* (1878). Personalidade das mais significativas da literatura e da história de Portugal no século 19, Herculano foi o pioneiro do liberalismo romântico e de um catolicismo renovado. (1810 - 1877)

> É um erro confundir o desejar com o querer. O desejo mede obstáculos, a vontade vence-os.

A ARTE DE VIVER

Livre-arbítrio

Huberto Rohden

*P*ergunta: *Você acha que o homem é livre em suas decisões — ou apenas se julga livre, quando, de fato, é um autômato de forças desconhecidas?*

Resposta: Nenhum indivíduo humano, nem supra-humano, é inteiramente livre, porque plena liberdade é onipotência. Só a Realidade Universal (Divindade) é inteiramente livre e, por mais paradoxal que pareça, em Deus a liberdade é a própria necessidade; ele é necessariamente livre. Mas uma criatura só pode ser parcialmente livre. Essa liberdade parcial, porém, é suficiente para tornar o homem responsável pelos seus atos livremente praticados.

Livre-arbítrio é, por assim dizer, uma zona isenta da jurisdição divina, o que de bem ou de mal o homem fizer nessa "zona isenta", ou nesse "campo neutro" da sua liberdade, é ele mesmo que o faz por sua conta e risco, e já não é Deus que o faz. Pelo livre-arbítrio possui o homem um poder criador; é nisto que consiste a sua semelhança com Deus.

Sendo que, pelo livre-arbítrio, o homem é estritamente causa e autor dos seus atos, o grau da sua responsabilidade moral é diretamente proporcional ao grau da sua liberdade. Quem é 20 graus livre é 20 graus responsável pelo que faz; quem é 80 graus livre é 80 graus responsável. As nossas leis condenam dois criminosos que cometeram o mesmo crime para a mesma pena; entretanto é bem possível que um seja 80 graus culpado e o outro apenas 20 graus, em razão da diferença de liberdade interna com que cada um agiu. A nossa "justiça" não pode deixar de ser uma permanente "injustiça" e, se não houvesse, alhures, o reequilibramento da nossa justiça desequilibrada, a ordem do cosmos acabaria na desordem do caos. Mas existe uma grande Justiça Cósmica que compensa todas as deficiências das nossas pequenas pseudojustiças telúricas.

Entretanto, o fato de poder o homem traçar o seu destino subjetivo, individual, pelo exercício da sua liberdade, não invalida o fato de haver um Destino Objetivo, Universal, que determina o curso do mundo e contra o qual não pode criatura alguma prevalecer. Dentro do âmbito desse grande Destino Cósmico, que é a ordem divina do cosmos, pode o indivíduo livre exercer o jogo dos contrastes que quiser, criando o seu céu ou o seu inferno. O Destino Universal é imutável — o destino individual é mutável. "Cada um colherá o que houver semeado". O homem é livre em cometer ou não cometer a *culpa*, mas não é livre em evitar a *pena* enquanto a culpa existe. O pecador cria o seu inferno — o santo cria o seu céu. Enquanto houver pecadores e santos haverá inferno e céu — criações do livre-arbítrio das criaturas.

Pergunta: Quer dizer que o livre-arbítrio é a negação da causalidade?

Resposta: Não, senhor. É, sim, a negação duma causalidade passiva, *mecânica*, mas é a afirmação de uma causalidade ativa, *dinâmica: o alo-determinismo* dos fatos externos é substituído pela *auto-determinação* de um fator interno. De objeto que era de uma causalidade *escravizante*, tornou-se o homem sujeito de uma causalidade *libertadora*.

O livre-arbítrio não é a *continuação* de algo já existente, mas é um novo *início* de algo ainda não existente.

(In: *Orientando para a Auto-Realização*, Huberto Rohden, Editora Martin Claret, São Paulo, 1990.)

A ARTE DE VIVER

FRANZ KAFKA - Escritor tcheco, Franz Kafka nasceu em Praga, então pertencente ao império austro-húngaro. Estudou direito na Universidade de Praga, onde conheceu seu grande amigo Max Brod. Em razão da figura dominadora do pai, em sua obra a figura paterna está freqüentemente associada à opressão ou aniquilamento da vontade humana, especialmente na célebre *Carta a Meu Pai* (1919). A insatisfação profissional somada à vida emocional conturbada acentuaram o sentimento de solidão e desamparo que refletiram em sua obra, como *A Metamorfose* (1916), *A Sentença* (1916), *Um Médico Rural* (1919). Suas obras-primas, *O Processo* (1925) e *O Castelo* (1926), só foram publicadas postumamente por Max Brod. (1883 - 1924)

> *A vontade é aquela que todo homem precisa para viver e que ele não pode obter dos outros. Todo homem deve produzi-la sempre de novo, do seu próprio íntimo, senão ele se arruina.*

A ARTE DE VIVER

A vontade dinâmica de Henry J. Kaiser

Robert J. O' Reilly

Nossa idade e a vontade

Nunca é tarde demais para o início deste ou de qualquer outro projeto. Qualquer que seja sua idade, alguém já lhe disse mesmo que você está velho demais para empreender alguma coisa? Ou você se convenceu disso? Numa análise mais profunda, e se você for sincero para consigo mesmo, provavelmente descobrirá que talvez esteja usando a idade como desculpa para sua preguiça.

Não se esqueça de que Verdi tinha 85 anos quando escreveu a Ave-Maria; Michelangelo completou sua obra mais grandiosa aos 87; o juiz Oliver Wendell Holmes aos 90 ainda estava escrevendo brilhantes pareceres legais; e Frank Lloyd Wright aos 70 estava justamente começando a produzir algumas de suas maiores obras-primas. Arturo Toscanini, Henry Ford, John Foster Dulles e John Dewey realizaram parte de sua melhor obra após a idade dos 60.

Num estudo feito para a Repartição de Pesquisa Naval, 127 homens, que tinham passado pelo exame Alfa do exército, ao ingressarem na Universidade

Estadual de Iowa, foram novamente examinados 31 anos mais tarde. Contrariamente ao que muita gente pensa, os resultados mostraram que eles eram intelectualmente mais capazes na maturidade do que tinham sido quando jovens. Sua capacidade mental tinha aumentado à medida que ficavam mais velhos!

Dizer que "você é apenas tão velho quanto decidir sê-lo" pode parecer um sovado lugar-comum. Mas você pode provar por você mesmo a verdade de tal afirmação. Olhe ao seu redor. Imagine as pessoas de seu conhecimento. Certamente você poderá nomear muitas que são "jovens", cheias de vida e interessantes aos 60 ou aos 70 e um número ainda maior de outras que são desanimadoramente "velhas" aos 35.

O "jovem" nonagenário Bernard Baruch é que pensa com acerto. Sócio de uma firma de Wall Street aos 25 anos, milionário antes de chegar aos 30, conselheiro de confiança de cinco presidentes dos Estados Unidos, Mr. Bernard tem trabalhado mais intensamente e realizado mais coisas durante a oitava e a nona década de sua vida do que a maioria das pessoas que têm a metade de sua idade. Ele resumiu muito bem sua filosofia sobre o assunto, ao dizer: "Para mim, a velhice é sempre dez anos mais velha do que eu."

O Dinâmico Henry J. Kaiser

Henry J. Kaiser, foi um dinâmico exemplo vivo da REALIZAÇÃO CONTÍNUA. Suas contribuições são universais. A vida desse homem foi tão repleta de realizações marcantes que, literalmente, dúzias de vezes durante seus últimos quarenta anos, poderia, com acerto, dar-se por satisfeito e aposentado, com um sentimento de verdadeira satisfação pessoal. Mas "um homem satisfeito com o que fez nunca se tornará famoso pelo que fizer". Tal foi a atitude de Henry J. Kaiser.

Kaiser realizou um de seus primeiros grandes negócios ao ter sua companhia indicada como uma das construtoras da represa Boulder, que custou 58 milhões de dólares. Logo depois, vencido na concorrência para a construção da represa Shasta, na Califórnia, ele revelou sua habilidade em tornar à carga após um revés. Pensou: "Já que não posso construir a barragem, poderei, pelo menos, fornecer-lhe o cimento". E foi em frente, construindo uma das maiores fábricas de cimento da América do Norte, a fim de alcançar aquele objetivo.

Durante a segunda Guerra Mundial, os estaleiros Kaiser construíram um terço de todos os navios dos Estados Unidos. Henry J. Kaiser revolucionou a construção naval, aperfeiçoando o navio pré-fabricado. E, se isso ainda não lhe parece bastante notável, permita-me assinalar que, ao começar a guerra, a companhia Kaiser nunca havia construído um navio e *nem mesmo possuía um estaleiro!*

Uma vida verdadeiramente movimentada para o filho de um sapateiro alemão, que deixou a escola e foi trabalhar com a idade de 13 anos! Não é de admirar que a revista *Fortune* (Fortuna) tenha perguntado certa vez: "Onde há em toda a sensacional história da iniciativa privada uma de sucesso que se compare à de Henry Kaiser?" Na verdade, um grande elogio. Mas Henry J. Kaiser não era daqueles que repousam sobre os próprios louros. Desde aquele artigo, escrito em 1950, a revista *Sales Management* (Administração de Vendas) informou recentemente: as vendas da Kaiser Steels dobraram; as da Kaiser Aluminum & Chemical triplicaram; e as da Kaiser's Permanent Cement quadruplicaram!

Ao tempo em que era um "jovem" de quase 80 anos, Kaiser estava iniciando alguns dos seus projetos mais sensacionais. Seus planos, nessa época, incluíam uma comunidade de 75 000 famílias no Havaí, no valor de um bilhão de dólares (já em andamento), aviões supersônicos e água do mar dessalgada por meio de raios solares.

Temos de encarar nossa vida cotidiana como uma série contínua de desafios e oportunidades, esperando que reajamos a eles. B. C. Forbes, da revista *Forbes*, explicou isso certa vez desta maneira: "A oportunidade bate tantas vezes quantas o homem tenha um ouvido treinado para ouvi-la, um olho treinado para vê-la, uma mão treinada para agarrá-la e uma cabeça treinada para utilizá-la".

E, da mesma forma, não há coisas assim como ser "jovem demais" para fazer grandes coisas. Transportando-nos à história, descobrimos que Newton formulou a lei da gravitação aos 24 anos; Jefferson tinha 33 quando redigiu a Declaração da Independência; Mozart escreveu cinco importantes concertos para violino com a idade de 10 anos; e Charles Dickens tinha 24 anos quando escreveu *Oliver Twist*.

(In: *Pensamento Dinâmico*, Robert J. O'Reilly, Editora Cultrix, São Paulo, 1965.)

> *Quando uma pessoa se decide a melhorar suas condições de vida e sabe disciplinar sua mente, com vontade inabalável em direção ao seu objetivo, tudo de bom e oportuno virá ao seu encontro: bons livros, bons amigos, criaturas simpáticas e outros meios que lhe ajudarão a realizar seus justos desejos.*

James Allen

A ARTE DE VIVER

Atleta com apenas meio pé
Querer é poder

Norman Vincent Peale

Um bom exemplo é Tom Dempsey, que há alguns anos, com um inacreditável chute de 58 metros, eletrizou o mundo dos esportes.

Tom nasceu com apenas a metade do pé direito e com um aleijão na mão direita. Seus pais foram realmente grandes, pois nunca lhe permitiram sentir-se inferiorizado por sua deficiência. Em resultado disso, o menino fazia tudo quanto faziam os demais. Se os escoteiros empreendiam uma marcha de quinze quilômetros, assim também fazia Tom. E por que não? Não havia nada de errado com ele. Ele era igual às outras crianças.

Depois quis jogar futebol e, entre todas as coisas, nutria a ambição de desenvolver determinada habilidade. Tinha verificado ser capaz de chutar mais longe que qualquer dos companheiros. Mandou desenhar um sapato especial a fim de tirar partido dessa habilidade. Sem qualquer pensamento negativo por causa do pé e da mão deformados, Tom apresentou-se para fazer um teste de campo e ganhou um contrato com os Chargers.

O treinador, com o máximo de tato, procurara dizer-lhe que: "ele não tinha estofo de profissional de futebol", recomendando-lhe que tentasse alguma outra coisa.

Por fim, Tom apelou para os New Orleans Saints, implorando por uma oportunidade. O treinador ficou indeciso, mas, impressionado com a confiança própria do rapaz, empregou-o.

Duas semanas depois ficou ainda mais impressionado quando Tom Dempsey deu um chute de 50 metros num jogo de exibição. Aquele chute valeu a Tom um contrato como chutador oficial dos Saints, e naquela temporada ele marcou 99 pontos para a sua equipe.

Depois veio o grande momento. O estádio estava tomado por 66 mil apreciadores. A bola encontrava-se na linha de 26 metros e faltavam apenas alguns segundos para terminar a partida. A bola foi adiantada para a linha dos 40 metros. Havia tempo só para mais uma jogada.

— Chute, Dempsey — ordenou o treinador.

Tom entrou no campo sabendo que a sua equipe se encontrava a 50 metros da linha de gol, ou seja a 58 metros do ponto de onde teria que partir o chute. O chute mais longo até ali registrado tinha sido de autoria de Bert Rechibar dos Baltimore Colts, com 50 metros.

A colocação da bola era perfeita. Dempsey apanhou-a de chapa e ela saiu direita. Mas será que atingiria o alvo? Os 66 mil espectadores prenderam a respiração. Aí o juiz de linha acenou os braços, confirmando o chute. A bola tinha passado alguns centímetros sobre a barra. A equipe ganhou: 19-17. As arquibancadas endoideceram diante do mais longo chute da história. E o autor tinha sido um atleta com apenas metade de um pé e uma mão aleijada!

— Incrível! — gritou alguém. Mas Dempsey limitou-se a sorrir. Lembrou-se de seus pais. Eles sempre lhe tinham dito o que ele era capaz de fazer e não o que não era. Tom conseguiu a sua tremenda façanha porque "Nunca me disseram que eu não era capaz".

Nunca se convença de não ser capaz de fazer isto ou aquilo; nunca seja negativo a ponto de afirmar que é impossível. Pense apenas que é capaz. Primeiro pense que é capaz, depois trate de tentar e tentar de novo e, por fim, verificará que é mesmo capaz. Lembra-se da história da águia e da galinha? Seja aquela águia que na realidade você é!

Talvez lhe pareça que estejamos exagerando a importância da idéia de que querer é poder. Talvez lhe pareça que determinadas coisas são simplesmente impossíveis. Mostrou-me a experiência que pessoas insuficientemente motivadas tendem a lançar mão dessa desculpa, como se a palavra derradeira em toda e qualquer situação fosse esta: impossível.

O princípio "querer é poder" é válido e viável até mesmo nas circunstâncias mais difíceis. Por exemplo, em 22 de fevereiro de 1971, John McWethy desenvolvia uma velocidade de 150 quilômetros horários numa auto-estrada perto de St. Louis. Tendo cochilado ao volante, o carro perdeu repentinamente o rumo e acabou capotando. Nesse trágico acidente John McWethy sofreu "os maiores ferimentos que uma pessoa pode suportar e permanecer viva", segundo o Dr. Joel S. Rosen.

O Sr. McWethy ficou paralisado do tórax para baixo, as mãos praticamente inutilizadas. Tornou-se tetraplégico, preso a uma cadeira de rodas e todo o seu corpo ficou, por assim dizer, insensível.

Dick Griffin * descreveu o abismo de depressão, medo e autocomiseração que tomou conta desse homem anteriormente vigoroso. Mas McWethy encontrou dentro de si coragem e vontade suficientes para encetar a longa ascensão do desespero à vitória. O Sr. Griffin assinala que a 29 de outubro de 1971, exatamente trinta e cinco semanas e cinco dias após o acidente, John McWethy voltou ao seu cargo de Gerente Divisional do *Wall Street Journal*. Para efeitos securitários ele é tido como uma pessoa inteiramente incapacitada, mas é ele quem arca com as responsabilidades da sua importante função.

Há sempre os negativistas que anseiam fazer exceção a essa filosofia positiva de que querer é poder. Vivem eles a enfatizar aquilo de que as pessoas não são capazes. Não são capazes de encontrar uma oportunidade na vida; não são capazes de fugir à pobreza; não são capazes de recuperar-se organicamente. Infelizmente, haverá quem dê ouvidos a tais baboseiras e se acomode ao ponto de vista do "eu não sou capaz disso". Mas como não deve aturdi-lo o exemplo magnífico de McWethy, capaz de vencer os maiores obstáculos simplesmente porque sabe que *querer é poder!*

(In: *Você Pode se acha que Pode,* Norman Vincent Peale, Editora Cultrix, São Paulo, 1981.)

---

* Redator de economia e finanças do *Chicago Daily News,* apud *The National Observer* (junho, 30, 1973), transcrito do *Journal of American Insurance.*

A ARTE DE VIVER

COELHO NETO - Escritor brasileiro, Henrique Maximiano Coelho Neto nasceu em Caxias, Maranhão. Estudou no Colégio Pedro II, no Rio de Janeiro e na Faculdade de Direito de São Paulo. Além de jornalista e professor de literatura e teatro, foi deputado federal pelo Maranhão. Sua extensa obra, que chega a mais de cem volumes, entre romances, crônicas, memórias, conferências, teatro, crítica e poesia, retrata um regionalismo romântico, com influências do realismo e naturalismo. Dentre elas, destacam-se: *A Capital Federal* (1893), *Miragem* (1895), *Sertão* (1896), *O Turbilhão* (1906), *A Esfinge* (1908) e *Rei Negro* (1914). (1864 -1934)

> **O entusiasmo sublime que leva ao sacrifício é o segredo de toda a redenção.**

A ARTE DE VIVER

Força de vontade

Dicionário de Medicina Natural

Usando a força de vontade, podemos nos recuperar de indisposições e doenças e chegar a evitá-las. Médicos e enfermeiros estão familiarizados com doentes que, em lugar de querer melhorar, desistem. Por outro lado, há muitos casos verídicos de pessoas com doenças graves que se recuperaram graças à própria determinação.

Técnicas de auto-ajuda, como a AUTO-SUGESTÃO, O COUEÍSMO e a TERAPIA DE VISUALIZAÇÃO, podem contribuir. A isso Emile Coué, inspirador do coueísmo, juntou outro importante fator, a imaginação, que, em sua opinião, é mais poderosa que a vontade. Mesmo que as pessoas possam ter vontade de se recuperar, disse, é freqüente *imaginarem* que não o fazem. "Quando vontade e imaginação estão em guerra", afirmou, "a imaginação vence". Coué concluiu que era vital treinar a imaginação, por meio de uma concentração como a da YÔGA, para submetê-la à vontade. Juntas, argumentou, ambas podem levar o sistema nervoso a curar as doenças.

(In: *Dicionário de Medicina Natural*, Reader's Digest /Seleções, Rio de Janeiro, 1996.)

A ARTE DE VIVER

CAMILO CASTELO BRANCO - Escritor português. Considerado um dos mais versáteis escritores portugueses, pois escrevia sobre os mais diferentes assuntos com a mesma aptidão. Foi membro da Academia Real de Ciências em Portugal. Consta que foi o criador do romance passional. Usou vários pseudônimos em suas obras. Seus primeiros livros têm características do romantismo e, mais tarde, o escritor converteu-se ao realismo, movimento que sempre combatera. Teve um fim dramático. Suicidou-se com um tiro na cabeça. Entre as muitas obras que escreveu encontra-se *Nas Trevas*. (1825 - 1890)

> *A vontade energética já é uma esperança meio realizada.*

A ARTE DE VIVER

Mahatma Gandhi e a autodisciplina

Mahatma Gandhi

106 A civilização, no sentido real da palavra, não consiste na multiplicação, mas na vontade de espontânea limitação das necessidades. Só essa espontânea limitação acarreta a felicidade e a verdadeira satisfação, e aumenta as capacidades de servir.

107 A relação entre corpo e espírito é tão íntima que todo o sistema sofreria se um dos dois caísse em desordem. Como conseqüência, temos que um caráter puro é a base da saúde no sentido autêntico da palavra. E poderíamos dizer que todos os maus pensamentos e as más paixões são simples formas de doença.

108 Só se adquire perfeita saúde vivendo na obediência às leis de Deus e desafiando o poder de Satanás. A verdadeira felicidade é impossível sem verdadeira saúde, e a verdadeira saúde é impossível sem rigoroso controle da gula. Todos os demais sentidos estarão automaticamente sujeitos a controle quando a gula estiver sob controle. Aquele que domina os próprios sentidos conquistou o mundo inteiro e tornou-se parte de Deus.

109 É injusto e imoral tentar fugir às conseqüências dos próprios atos. É justo que a pessoa que come em demasia se sinta mal ou jejue. É injusto que quem cede aos próprios apetites fuja às conseqüências tomando tônicos ou outros remédios.

É ainda mais injusto que uma pessoa ceda às próprias paixões animalescas e fuja às conseqüências dos próprios atos.

A Natureza é inexorável, e vingar-se-á completamente de uma tal violação de suas leis.

110 Aprendi, graças a uma amarga experiência, a única suprema lição: controlar a ira. E do mesmo modo que o calor conservado se transforma em energia, assim a nossa ira controlada pode transformar-se em uma força capaz de mover o mundo. Não é que eu não me ire. O que eu não dou é campo à ira. Cultivo a paciência e a mansidão e, de uma maneira geral, consigo. Mas quando a ira me assalta, limito-me a controlá-la. Como consigo? É um hábito que cada um deve adquirir e cultivar com uma prática assídua.

111 Querem saber quais as características de um homem que deseja realizar a verdade, que é Deus? Deve ser completamente livre da ira e da luxúria, da avidez e da avareza, do orgulho e do medo. Deve aniquilar-se, exercitar um controle absoluto sobre todos os seus sentidos, a começar pela gula e pela língua. A língua é o órgão da palavra e do gosto. Com a língua caímos no exagero, proferimos a mentira e pronunciamos as palavras que ferem.

112 A avidez do gosto torna-nos escravos da gula e assim vivemos para comer como se fôssemos animais. Com uma disciplina adequada podemos transformar-nos em seres "pouco inferiores aos anjos". Aquele que dominou os sentidos é o primeiro e o mais importante dos homens. Todas as verdades estão nele. Deus manifesta-se por meio dele, tal é o poder da autodisciplina.

113 Todas as normas universais de comportamento conhecidas como mandamentos de Deus são simples e fáceis de compreender e pôr em prática, se houver vontade. Parecem difíceis pela inércia que governa a humanidade.

114 A abstinência de estupefacientes e bebidas que intoxicam, e de toda a espécie de comidas, especialmente carne, é sem dúvida de grande ajuda à evolução do espírito, mas não é de forma alguma fim em si mesma. Muita gente, que come carne e vive no temor de Deus, está mais próxima da libertação que outra que se abstém em absoluto da carne e de muitas outras coisas, mas blasfema Deus em cada ação.

115 A experiência ensinou-me que o silêncio faz parte da disciplina espiritual de um seguidor da verdade. A tendência a exagerar, a eliminar ou modificar a verdade, consciente ou inconscientemente, é uma fraqueza natural do homem. Para vencê-la é necessário o silêncio. Um homem de poucas palavras dificilmente será leviano nas suas conversas: medirá as palavras.

116 O silêncio já se tornou para mim uma necessidade física e espiritual. Inicialmente, escolhi-o para aliviar-me da depressão. A seguir, precisei de tempo para escrever. Após havê-lo praticado por certo tempo descobri, todavia, seu valor espiritual. E de repente me dei conta de que eram esses os momentos em que melhor podia comunicar-me com Deus. Agora sinto-me como se tivesse sido feito para o silêncio.

117 Aqueles que têm um grande autocontrole, ou que estão totalmente absortos no trabalho, falam pouco. Palavra e ação juntas não estão bem. Repare na natureza: trabalha continuamente, mas em silêncio.

118 Como poderá realizar a verdade aquele cujo coração é livremente agitado pelas paixões? As paixões são para o nosso coração o que a tempestade é para o oceano. Só o marinheiro solidamente agarrado ao navio se salva da tempestade. E só aquele que está unido a Deus pela confiança pode vencer a tempestade que agita seu coração.

119 Aquele que não é capaz de governar a si mesmo, não será capaz de governar os outros.

120 Quem sabe concentrar-se numa coisa e insistir nela como único objetivo, obtém, ao cabo, a capacidade de fazer qualquer coisa.

(In: *Gandhi - O Apóstolo da Não-Violência,* Antologia de Pensamentos de Gandhi, Editora Martin Claret, 1975.)

A ARTE DE VIVER

SPINOZA (Baruch de) - Filósofo e escritor. Descendente de uma família castelhana de Espinoza de Los Mosteros que instalou-se em Portugal, indo depois para os Países Baixos. Spinoza nasceu em Amsterdam (Holanda). Sofreu perseguições devido às suas idéias filosóficas, que se contrapunham às religiões, aos interesses políticos e às filosofias "oficiais" da época. É considerado o "pai" do panteísmo moderno e sua filosofia exerceu grande influência sobre poderosas correntes filosóficas subseqüentes. Entre suas obras, a mais célebre é *Ética*. (1632 - 1677)

❝

Quando uma pessoa imagina que não pode fazer alguma coisa, ela está determinando que não irá fazê-la; conseqüentemente, essa tarefa para ela é impossível.

❞

A ARTE DE VIVER

A vontade

Marques Oliveira

Todo o trabalho de persuasão se resume em conseguir que a Vontade de outra pessoa aja de acordo com nossa intenção. Não importa que a inteligência do outro esteja convencida do contrário daquilo que desejamos. A inteligência pode continuar contra nosso ponto de vista. Não influirá na Vontade do outro, caso saibamos persuadi-lo.

É possível que alguém aja em desacordo com o que sabe e até com o que deseja, e isso pelo fato de a Vontade ser soberana. A Vontade PODE atender à Inteligência e PODE atender aos sentimentos e emoções. *Mas pode, também, agir contra tudo isto. A Vontade é livre e rainha, quando decide e quer.*

Todos nós sabemos que a mais nobre das funções da vontade é impulsionar o ser humano na luta contra os obstáculos e dificuldades. A Vontade procura FINS e estes só são atingidos através de MEIOS. Nem sempre o MEIO é agradável, nem sempre é fácil manter a rota planejada. Então *é a Vontade que mantém nosso navio no rumo certo, contra tudo e contra todos.*

Os homens diferem, uns dos outros, segundo têm mais ou menos treinada a faculdade de querer.

Há os que suspiram, desejando apenas. E há homens que QUEREM!

O ditado popular diz: QUERER É PODER!

Há muita sabedoria nisso. Quando nossa Vontade decide atingir um objetivo, força nosso corpo, nossa mente e nosso espírito para o alvo escolhido. Uns conseguem mais facilmente o que pretendem. Outros não. No entanto, todo mundo pode treinar sua Vontade e disciplina-la. Ninguém pode tentar persuadir outras pessoas sem ter a própria Vontade bem exercitada, pronta a forçar nossa personalidade a fazer o que deve ser feito, custe o que custar.

Neste ponto recomendamos um pequeno grande livro que deveria ser adotado em todos os lares e em todas as repartições e em todas as indústrias e locais de trabalho: referimo-nos ao livro de Yoritomo Tashi *A Energia em 12 Lições*. *

Este livro nos dá ensinamentos preciosos e úteis na vida diária. O persuasor deverá lê-lo, ao menos para saber que, de fato, QUERER É PODER. A vontade eletrizada tem uma força magnética maravilhosa que quase "obriga" o outro a obedecer.

Inúmeros autores já notaram isso e têm posto nomes diferentes à mesma coisa. Uns chamam-na de "magnetismo", outros de "força moral", outros de "força de vontade", outros ainda de "personalidade".

Não há maneira mais acertada de desenvolver a própria vontade que acostumá-la aos revezes e às dificuldades. Tentar alguma coisa difícil é ótimo exercício. Muito embora a "lei do mínimo esforço" seja o caminho preferido pela humanidade, não é este o

---

* *A Energia em 12 Lições*, de Yoritomo Tashi (Edições de Ouro).

caminho que nos dará o domínio sobre nossa vontade nem sobre as vontades dos outros.

Aqui lembramos a recomendação bíblica do caminho largo e do caminho estreito.

A "lei do esforço" é lei natural, destinada a fazer os super-homens, aqueles que se destacam dos demais e imprimem o cunho de suas personalidades ao seu tempo ou aos tempos vindouros.

Falamos em "lei do esforço" e estamos a falar cientificamente. O grande Alexis Carrel, autor do célebre livro *O Homem; Esse Desconhecido,* deixou ao morrer uma obra póstuma que foi editada por sua filha. Esta obra póstuma recebeu o nome de *O Homem Perante a Vida.* Neste livro, o grande cientista mostra e demonstra a existência desta lei do esforço regendo a trajetória de todo ser racional ou irracional que se destaca dos demais.

A origem do livro deveu-se ao fato de a França haver sido derrotada nos campos de batalha em apenas quinze dias. Alexis Carrel foi para sua Pátria estudar as causas disso e verificou que aquela geração de franceses, ao contrário da geração de alemães contemporânea, havia traído a "lei do esforço". Os alemães ensinaram seus jovens a sofrer calados, a resistir às intempéries, a lutar contra a adversidade. Os franceses daquele tempo viviam molemente à sombra do conforto da civilização requintada que os caracteriza. Resultado: quinze dias de luta e a gloriosa França ruiu fragorosamente.

As dificuldades são o melhor quinhão dos jovens de todos os países.

Disse um célebre homem público que, se gostasse de um moço, pediria a Deus que lhe inçasse de trabalhos e dificuldades toda a mocidade. Só então saberia que esse rapaz, lutando e combatendo forjaria um caráter digno de ser lembrado pelos pósteros. Sábias palavras que repetem ainda o conselho de Jesus quanto aos dois caminhos: o largo e o estreito!

(In: *Como Persuadir, Falando,* Marques Oliveira, Edições de Ouro, Rio de Janeiro, 1970.)

> Dirija seus pensamentos para a solução do problema. Pense na felicidade que lhe trará a solução perfeita. Imagine a sensação agradável que será possuir a perfeita solução do problema. Pensando na solução, você ativa a inteligência do subconsciente, que tudo sabe, tudo vê e tudo pode.

Joseph Murphy

A ARTE DE VIVER

Maestria da vida por uma dignidade silenciosa

Lao Tse

Quem de boa vontade carrega o difícil,
Supera também o menos difícil.
Quem sempre conserva a quietude,
É senhor também da inquietude.
Por isto, o sábio carrega de boa mente
O fardo da sua jornada terrestre.
Nunca se deixa iludir
Por deslumbrantes perspectivas.
Trilha com tranqüila dignidade
O seu solitário caminho.
O homem profano, porém,
Que se derrama pela vida superficial,
Dissolve com sua leviandade
A solidez da sociedade;
Destrói com sua inquietude
A quietude do Reino,
E destrói também o seu próprio Reino.

Explicação:

O valor não está em atos, mas na atitude; não está no dizer ou no fazer, mas no Ser. O Ser é a fonte; o fazer e o dizer são apenas canais, cujo conteúdo não existe por si, mas graças à fonte.

(In: *Tao Te Ching, Lao Tse,* trad. Huberto Rohden, Editora Martin Claret, São Paulo, 1998.)

A ARTE DE VIVER

HUBERTO ROHDEN - Filósofo e educador brasileiro. Nasceu na cidade catarinense de Tubarão. Escreveu cerca de 50 obras sobre religião, ciência e filosofia. Em Princeton, conheceu Einstein, quando lançou os alicerces para o movimento mundial da Filosofia Univérsica. É biógrafo de Einstein, Pascal, Gandhi, Jesus de Nazaré e Paulo de Tarso, entre outros. Seu livro mais conhecido é *De Alma para Alma*. (1893 - 1981)

> **Pelo livre-arbítrio possui o homem um poder criador; é nisto que consiste a sua semelhança com Deus.**

A arte da guerra

Sun Tzu / James Clavell

"A arte da guerra é de importância vital para o Estado. É uma questão de vida ou morte, um caminho tanto para a segurança como para a ruína. Assim, em nenhuma circunstância deve ser negligenciada."

Dessa maneira começa o notável documento escrito em chinês há uns dois mil e quinhentos anos, que James Clavell, autor de fama mundial, considera absolutamente vital para a nossa sobrevivência nos dias de hoje: um livro para ser lido não por todo comandante-em-chefe e todo oficial, mas por qualquer pessoa interessada na paz. Pois se o verdadeiro objetivo da guerra é a paz, aqui estão os meios de alcançá-la.

Sun Tzu foi um filósofo antes de se tornar um general, e discute todos os aspectos da guerra, do tático ao humano, numa linguagem ao mesmo tempo penetrante e poética. E James Clavell cita os seus preceitos para mostrar como são aplicáveis no mundo de hoje — tanto no mundo dos negócios como no mundo da vida cotidiana.

Sun Tzu começa com a preparação dos planos, passa aos capítulos sobre guerra efetiva, em seguida ao intitulado "A Espada Embainhada"; porque, como

Sun Tzu diz: "Lutar e vencer em todas as batalhas não é a glória suprema; a glória suprema consiste em quebrar a resistência do inimigo sem lutar". Ele cobre os pontos fracos e fortes de um exército; a maneira de manobrá-los; táticas especiais para situações especiais; o exército em marcha; os diversos tipos de terrenos; quando atacar e quando não atacar; ataque pelo fogo; e, mais importante, o emprego de espiões.

A arte da guerra chamou a atenção de Ho Lu, rei de Wu, que o nomeou general.

A partir de então e durante quase duas décadas — até a morte de Sun Tzu e do rei — os exércitos de Wu venceram seus inimigos tradicionais.

> "Se você conhece o inimigo e conhece a si mesmo, não precisa temer o resultado de cem batalhas.
>
> Se você se conhece, mas não conhece o inimigo, para cada vitória ganha sofrerá, também, uma derrota.
>
> Se você não conhece nem o inimigo nem a si mesmo, perderá todas as batalhas..."

(In: *A arte da guerra*, Sun Tzu, tradução e notas de James Clavell, Editora Record, Rio de Janeiro, 1998.)

A ARTE DE VIVER

NORMAN VINCENT PEALE - Pastor e escritor norte-americano, nascido em Ohio. Nos Estados Unidos é chamado ministro de "milhões de ouvintes" e doutor em "terapêutica espiritual". Autor de duas dezenas de livros, inclusive o best seller mundial *O Pensamento Positivo*. Pregador espiritual, propagou seus ensinamentos através de programa de rádio e televisão. (1898 - 1991)

> O princípio 'querer é poder' é válido e viável até mesmo nas circunstâncias mais difíceis.

A ARTE DE VIVER

A vontade: "Se a natureza quer fazer um homem"

Marques Oliveira

Aos moços que têm um ideal, que acreditam na Verdade, no Belo e no Bem, dedico esta tradução e adaptação de *"When Nature Wants a Man"*, de Angela Morgan.

Se a natureza quer fazer um homem

I

Se a Natureza quer fazer um Homem
E eletrizar o coração de um Homem,
E adestrar à força quer, um Homem,
Se a Natureza quer treinar um Homem
Para cumprir uma genial missão;
E quando quer, de todo coração,
Criar um Homem tão ousado e grande
Que a sua fama ao mundo inteiro mande
— Observai o seu método e caminhos!
Como coroa sempre com espinhos
Aquele com quem ela simpatiza;
Como o desbasta e como o martiriza,

E a poderosos golpes o converte
Num esboço de argila que diverte
Somente a Natureza que o compreende,

— Enquanto o torturado coração
Aos céus levanta a suplicante mão! —
Quando o seu bem a Natureza empreende,
Como o abate, sem jamais quebrar,
Como se serve do que vai sagrar!
Como o derrete e não o deixa em paz,
E com que artes ela sempre o induz
A apresentar ao mundo a sua luz...
A Natureza sabe o que ela faz!

II

Se a Natureza quer pegar um Homem,
E se deseja sacudir um Homem,
E se pretende despertar um Homem;
Se a Natureza quer fazer um Homem
Que, no Futuro, cumpra-lhe o decreto;
Quando ela tenta, com habilidade,
Quando deseja e quer, com ansiedade,
Fazê-lo vigoroso, são, completo,
Com que sagacidade ela o prepara!
Como o aguilhoa com a sua vara,
De que maneira o amola e como o enfeza
E o faz nascer em meio da pobreza...
Com desapontamentos sempre punge
O coração daquele que ela unge;
Com que sagacidade ela o esconde
E oculta, sem olhar ao menos onde,
Soluce embora o gênio, desprezado,
E seu orgulho guarde esse passado!

Manda-o combater mais arduamente,
Fá-lo tão solitário, que somente
As mais altas mensagens do Senhor
Consigam penetrar a sua dor!
É assim que a Natureza lhe clareia
Da Hierarquia a impenetrável teia.
E, embora ele não possa compreender,
Dá-lhe paixões ardentes a vencer!
Como impiedosamente ela o esporeia,
Com que terrível entusiasmo o fere
Se acaso, acerbamente, ela o prefere!

III

Se a Natureza quer nomear um Homem,
E se ela quer dar fama para um Homem,
E se ela quer domar, acaso, um Homem;
Quando ela quer dar brio para um Homem
Executar missão quase celeste,
Quando ela tenta o seu supremo teste
Que há de imprimir a inconfundível marca
— No que há de ser um Deus, ou um Monarca —
Quanto o dirige, e quanto que o refreia,
De modo a que seu corpo mal contenha
A inspiração ardente que o incendeia;
E a sua ansiosa alma se mantenha
Sempre anelante por um sonho esguio!
Engana com ardis sua esperança,
Lança-lhe em rosto novo desafio,
No instante em que ele o alvo quase alcança!
Faz uma selva — que limpar lhe custe;
Faz um deserto — para que se assuste —
E para que ele o vença, se capaz...
Assim a Natureza um Homem faz!

IV

Então, para provar a sua ira,
Uma montanha em seu caminho atira —
E põe amarga escolha à sua frente:
"Sobe ou perece!" diz-lhe, sorridente.
Meditai no mistério da Intenção!
Da Natureza o plano é tão clemente:
Se compreendêssemos a sua mente!
Os que a chamam cega, tolos são,
Pois, com o pé sangrante e lacerado
É que o Espírito sobe, descuidado,
Com entusiasmo e com vigor dobrado,
Esses caminhos todos, que ilumina.
Com essa força ativa, que é divina;
E do ardor maneja a espada de aço,
Para enfrentar o peso do fracasso;
E, mesmo na presença da derrota,
Inda esperança em seu olhar se nota!

V

Eis que é chegada a crise! Eis o grito
Que está a pedir um Chefe ao infinito!
Só quando o povo implora salvação,
É que ele vem governar a Nação...
ENTÃO A NATUREZA DIZ-NOS "TOMEM:
EU LHES ENTREGO, FINALMENTE, UM
                                  [HOMEM!"

(In: *Como Persuadir, Falando*, Marques Oliveira, Edições de Ouro, Rio de Janeiro, 1970.)

> Procure ampliar seus planos e suas aspirações. Alargue sua mente e sua visão... expanda-se... A fé, a confiança, a sensação de progresso, nos libertam das angústias e nos preparam para bens vindouros.

Thomas Stefanini

A ARTE DE VIVER

O homem é livre?

Huberto Rohden

"*Der Mensch kann tun, was er will — aber er kann nicht wollen, was er will*" (o homem pode fazer o que ele quer — mas não pode querer o que quer) — estas palavras estranhas de Schopenhauer, citadas por Einstein, contêm uma verdade profunda. O homem, é certo, possui livre-arbítrio, em virtude do qual pode fazer o que quer — mas será que esse livre-arbítrio lhe permite querer tudo que ele desejaria querer e fazer? Não! O livre-arbítrio do homem é suficiente para que ele seja responsável por seus atos livres, mas essa responsabilidade é limitada pela própria finitude da natureza humana; ontologicamente falando, o homem é apenas parcialmente livre. Se ele fosse totalmente livre, seria onipotente, como o Infinito. No Infinito, diz Spinoza, coincidem a liberdade e a necessidade; Deus é necessariamente livre, e livremente necessário.

(In: *O Roteiro Cósmico*, Huberto Rohden, Editora Martin Claret, São Paulo, 1998.)

A ARTE DE VIVER

LAO-TSE - Filósofo contemporâneo de Pitágoras, Buda e Confúcio. É considerado um dos maiores sábios da humanidade. Nasceu na China no século 6 a.C. Foi conselheiro de vários imperadores chineses. Escreveu um único livro, *Tao Te Ching* (O Livro que Revela Deus), universalmente conhecido. Lao-Tse é considerado o fundador do Taoísmo. Não se conhece a data de sua morte.

"
Quem, de boa vontade, carrega o difícil, supera também o menos difícil.
"

A ARTE DE VIVER

A vontade: "Faculdade de agir"

Marques Oliveira

A atividade humana pode ser de duas espécies: instintiva e voluntária.

Aqui nos interessa, especialmente, a atividade voluntária, aquela que o homem executa, querendo.

A atividade instintiva é cega, espontânea e fatal. A atividade voluntária é inteligente, refletida e livre. Exemplo: quando alguém inadvertidamente toca numa chapa quente de fogão, tira a mão rapidamente e pode gritar de dor. Isso é atividade instintiva: a mão foi tirada ANTES de haver percepção consciente; a ação foi executada sem raciocínio anterior; e, sempre que isso acontecer, a reação será fatalmente a mesma.

Mucio Scevola pôs a mão num braseiro para mostrar aos sitiantes de Roma a fibra dos romanos. Isso foi atividade voluntária. Antes de agir, compreendeu que isso iria doer muito. Pesou a hipótese de demorar pouco ou muito com a mão no fogo. Escolheu demorar o suficiente para que o cheiro de carne assada chegasse às narinas do bárbaro estupefato. Agiu dessa forma, mas poderia, se quisesse, não ter agido assim. Sua atividade foi voluntária.

Em nosso Curso Prático Intensivo Para Falar em Público é esta atividade consciente e livre que nos interessa. Pretendendo dirigir, pela palavra, a vontade de outros, precisamos antes de mais nada compreender como funciona, e o que é essa faculdade.

Os antigos já definiam a Vontade como a "faculdade de agir segundo as luzes da razão". A princípio essa definição parece falsa, pois vemos, diariamente, muita gente agir voluntariamente de maneira irracional. Lembramos que nós mesmos nos afastamos, constantemente, de normas racionais em nosso modo de agir. Mas esses fatos não destroem a afirmação de ser a Vontade a faculdade de agir segundo as luzes da razão.

Os escolásticos resumiam numa sentença o esclarecimento da contradição: *Velle potest esse adversus rationem, nunquam vero absque ratione*, ou seja: A vontade pode estar CONTRA a razão, mas nunca SEM razão. De fato, modernamente vamos encontrar na revista *Business Week*, em recente estudo, a seguinte observação:

> As pessoas não parecem ser racionais. Entretanto, as pessoas agem COM PROPÓSITO. Seu comportamento TEM SENTIDO, quando o encaramos em termos de seus OBJETIVOS, de suas NECESSIDADES e de seus MOTIVOS. O que parece ser o segredo da compreensão e manipulação das pessoas.

Meditando em quanto se disse anteriormente, compreendemos que, de fato, todo mundo tem OBJETIVOS NECESSIDADES e MOTIVOS. E é buscando esses alvos que agimos. A vontade fica alerta, observando as coisas que a rodeiam. Toda vez que alguma coisa for ou parecer ser o MEIO de atingir seus fins, a vontade PREFERE essa coisa e nos obriga a agir. A inteligência desempenha seu papel mostrando que tal coisa é *meio* para os *fins* que almejamos. É preciso que haja essa compreensão de MEIO E FIM, ou *meio* PARA o *fim*, sem a qual não haverá atividade voluntária, mas instintiva apenas.

A definição escolástica de vontade era:

> "Vontade, ou apetite intelectual, é a faculdade pela qual o homem tende para o *bem* imaterial conveniente à sua natureza racional e percebido por meio da inteligência."

Bossuet, por sua vez, dizia:

> "Querer é o ato pelo qual procuramos o bem e fugimos do mal, e escolhemos os meios para chegarmos ao primeiro e evitarmos o segundo."

Em todas as definições vemos sempre que a Razão, a Inteligência que delibera, está presente. Fala-se em FINS e na procura dos MEIOS para esse fim.

Não se pode confundir VONTADE E DESEJO. Podem existir, na mesma alma, infinidade de desejos, mas a Vontade é uma só. Os desejos solicitam a vontade, a vontade combate os desejos, mas também pode ser vencida por eles. O querer ou não querer depende de nós. Mas o desejar ou não desejar é independente de nós.

No que se disse no parágrafo anterior, aprendemos que a vontade *pode* sucumbir ao desejo. Guarde-se isso bem, pois, aqui está a maneira mais comum de persuadir: intensificar algum desejo já existente na pessoa que se quer persuadir, ou mesmo criá-lo. O desejo, crescendo, poderá vencer a Vontade e esta obedecerá à sugestão recebida.

Dissemos que a vontade procura sempre o Bem. Note-se que o BEM a que nos referimos é muito relativo e, praticamente, cada qual tem um BEM pessoal. O Bem para o filósofo é o estudo. O maior Bem para o soldado é a vitória na guerra. O Bem, para o ladrão, é não ser surpreendido. Para a moça casadoira, o Bem é casar. Para o milionário, é ganhar mais dinheiro. Assim por diante.

Todos, conforme aquilo que mais almejam, procuram os meios convenientes para atingir sua finalidade. *Trahit sua quemque voluptas*, diziam os latinos. De fato: cada qual procura o que mais lhe agrada, o que mais deseja. E o que mais desejamos é, para nós, um BEM.

Importa, portanto, ao persuasor, descobrir, antes de mais nada, qual a coisa mais desejada, mais ansiada por aquele que vai ser persuadido.

Podemos persuadir um avarento a gastar milhões, se mostrarmos a ele que, dessa forma, receberá dez vezes mais o que despendeu.

O importante a fixar, nesta lição, é que a Vontade é a faculdade de agir procurando o Bem, através de Meios que a razão indica.

(In: *Como Persuadir, Falando,* Marques Oliveira, Edições de Ouro, Rio de Janeiro, 1970.)

A ARTE DE VIVER

EMERSON (Ralph Valdo) - Ensaísta, conferencista, filósofo e poeta norte-americano, nascido na cidade de Boston. Estudou em Harvard, com a expectativa paterna de se tornar ministro religioso. Por algum tempo Emerson exerceu a função de pastor em sua cidade natal. Contudo, uma divergência doutrinária fê-lo desistir e retirar-se da Igreja. Desenvolveu a filosofia transcendentalista, exposta em suas obras *Natureza*, *Ensaios*, *Sociedade* e *Solidão*, entre outras. Segundo consta, o transcendentalismo exerceu grande influência sobre a vida intelectual norte-americana do século 19. (1803 - 1882)

> **Os vencedores da batalha da vida são homens perseverantes que, sem se julgarem gênios, se convenceram de que, só pela perseverança e esforço, poderiam chegar ao fim almejado.**

A ARTE DE VIVER

Nietzsche
"Vontade de Potência"

Mário D. Ferreira Santos

Ler Nietzsche não é passar os olhos pelas páginas de seus livros. É preciso "ruminá-lo", compreendê-lo, senti-lo. E nunca é demais repetir: é preciso ter algo de Nietzsche.

[...]

"Vontade de potência" não é somente a vontade de dominar. O nietzscheísmo não é, ou não é unicamente uma metafísica da violência. O título da obra enganou muitos intérpretes. "Vontade de potência" é somente o esforço para triunfar do nada, para vencer a fatalidade e o aniquilamento: a catástrofe trágica, a morte. Vontade de potência é, assim, a vontade de durar, de crescer, de vencer, de estender e intensificar a vida. É "vontade de Mais", *Mehrwollen*. Cria a luta criando o possível, além do atual, obedecendo ao apelo possível. Não é, pois, somente, a luta da vontade de preservar no ser, instinto de conservação, senão vontade de "ultrapassar". No nível superior torna-se generosidade, vontade de ser e de consciência, vontade de posse total da existência e de si mesmo. Nietzsche chama, pois, "vontade de potência" ao conjunto das manifestações energéticas da

existência natural e espiritual, à atividade multiforme, mas una e idêntica, ante o nada que sempre a ameaça. Descreve o ser primeiro disperso pelo cosmos, em centros de força disseminados, em seguida consciente e concentrado no espírito, Dionisio. Nada existe de substancial: nem eu, nem consciência psicológica e moral, nem objeto, nem verdade. O instante é por inteiro o que é, e a despeito disso é tudo o que é: potência. Não há essência oculta, não há coisa-em-si. "Uma força não existe mais que em sua tensão momentânea. A potência, ao mesmo tempo fenômeno e substância, é por todas as partes idênticas, inclusive quando se opõe a si mesma e quando a força se opõe à força sem a qual não podia exercer-se."

A "vontade de potência" é assim, para Nietzsche, um símbolo. Em "Filosofia Geral" determina-a ainda como o mais forte de todos os instintos, o que dirige a evolução orgânica. Reduz todas as funções fundamentais orgânicas à vontade de potência, símbolo de um impulso de vida para mais. "Se se aceitar a concepção mecanicista do mundo, a vontade de potência" — dizia ele — "pode também ser aceita como o móvel do inorgânico." Devemos sublinhar que Nietzsche não aceitava a "vontade" como objetivação. A expressão "vontade de potência" é puramente simbólica, repetimos. Ele quer afirmar, para uma concepção do mundo, que no todo "há" uma luta entre dois impulsos, um de mais e um de menos. O impulso de mais é um impulso de vida, de potência, e o de menos um impulso de morte, de passividade, de degeneração, de aniquilamento. Essa a concepção trágico-dialética. A luta do ser contra o não-ser. Sintetizando: a vontade de potência não é um absurdo nem uma incongruência ante a natureza. A doutrina atômica de hoje, em seu conceito de energia, é uma afirmação dessa vontade de potência no universo.

Para Nietzsche é uma expressão para "concretizar em palavras o impulso vital *(élan vital)*, de "dentro para fora", de extraversão, de aumento, de dilatação. É impulso de mais. É também o destino de buscar sua contradição. O humilde quer ser estimado, o fraco quer ser forte. É um nome humano dado ao acontecer universal, como movimento. Esse nome justifica e dá uma "vivência" ao dinamismo. Foi por isso que preferimos traduzir *"Der Wille zar Macht"* por "Vontade de potência". No decorrer deste livro se verá que Nietzsche o empregou no sentido em que o compreendemos. A frase "vontade de poder" é demasiadamente estreita e dá lugar a equívocos, como tem dado.

É comum quando se fazem referências à obra de Nietzsche traduzir-se *"Der Wille zur Macht"* como "Vontade de Poder", título restrito que tem permitido a muitos que não leram a obra, concluir que o nietzscheísmo é simplesmente uma metafísica da violência.

[...]

Ora, diz Nietzsche: "O conceito vitorioso de 'força' com que nossos físicos criaram Deus e o mundo, não tem necessidade de integração: deve-se-lhe atribuir uma vontade intrínseca que eu defino 'Vontade de potência', ou seja, desejo insaciável de mostrar potência, etc." Para Nietzsche, nada existe fora do Todo. E o todo é "vontade de potência". O Todo é força, e vontade de potência é esse impulso interior da força que gera o movimento. Há também vontade de poder, como espécie da vontade de potência. A leitura dos capítulos tais como: *"Vontade de Potência* como lei natural", *"Vontade de Potência* como vida" e

"Eterno Retorno" provam de sobejo o verdadeiro sentido da expressão. E note-se, ainda, que Nietzsche usava-a quase sempre entre parênteses ou grifada, o que indica que não queria empregá-la no sentido estreito de poder como faculdade física, o que estaria em desacordo absoluto com a concepção de *vontade de potência,* expressão simbólica para definir o acontecer universal e que se manifesta de infinitas maneiras. (Vide af. 249, 302, 311) ("O átomo" — dizia Nietzsche — "é um certo *quantum* da 'vontade de potência'.")

Além disso, é um dever dar à expressão *"Der Wille zur Macht"* o seu verdadeiro sentido. Colocamo-nos, dessa forma, ao lado dos maiores exegetas da obra de Nietzsche, tais como Charles Andler, Halévy, Henri Albert, Lefèbvre e Geneviève Bianquis, para citar os mais conhecidos entre nós.

(In: *Vontade de Potência,* Nietzsche - trad. de Mário D. Ferreira Santos, Ediouro, Rio de Janeiro, 1980.)

> *Nada temos de nosso senão a nossa vontade; tudo mais não é nosso. A doença leva a saúde e a vida; as riquezas nos são arrancadas pela violência; os talentos do espírito dependem da disposição do corpo.*
>
> *A única coisa que é verdadeiramente nossa é a nossa vontade.*

Fénelon

A ARTE DE VIVER

Vontade e sabedoria

Roberto Assagioli

Do mesmo modo que a vontade, a sabedoria hoje não está muito em voga. A maioria das pessoas faz do sábio uma idéia estática, imaginam um pessoa desligada e distante da assim chamada "realidade" da vida. Um das tarefas da psicologia deveria ser a reabilitação da sabedoria, por meio da apresentação de uma concepção mais verdadeira de sua natureza vital dinâmica e criativa. Essa imagem da sabedoria foi apresentada, de uma forma impressionante por Hermann Keyserling no seu livro *The Recovery Truth* [*A Reconquista da Verdade*]:

> Os chineses, que entendem de sabedoria mais que qualquer outra raça, designam o sábio por meio dos ideogramas combinados do vento e do raio; para eles, o sábio não é o tranqüilo velhinho destituído de qualquer ilusão, e sim alguém que, como o vento, abre caminho com ímpeto irresistível, sem que ninguém lhe possa pôr as mãos em cima ou fazer estacar em algum ponto sua carreira; é aquele que purifica o ar, como o raio, que golpeia onde é preciso golpear.

Por paradoxal que possa parecer, o ego precisa

usar a *vontade sábia* a fim de sintetizar os vários estágios do amor e da vontade. Esse processo pode ser levado a efeito porque um atributo essencial da sabedoria é o poder de "jogar com opostos", para regular a interação de forças e funções antípodas, estabelecendo assim um equilíbrio dinâmico e uma síntese, sem recorrer a transigências e sim por meio de um regulamento *vindo de alto nível*. Esse processo geral é descrito num artigo que escrevi, *"The Balancing and Synthesis of the Opposites"* ["O Equilíbrio e a Síntese dos Opostos"]. Alguns exemplos podem servir aqui para demonstrar de que modo a vontade sábia opera em várias situações, ajudando a indicar como realizar a união da vontade e do amor.

A polaridade entre "inteligência" e "coração", entre razão e sentimento *(Logos* e *Eros)*, regula-se, primeiro, pelo reconhecimento de suas respectivas funções e do legítimo campo de ação que cabe a cada uma de suas funções, para que uma não domine a outra. A isto pode seguir-se um aumento da mútua cooperação e interpenetração entre elas, para finalmente alcançar a síntese tão bem expressa por Dante nas palavras "luz intelectual cheia de amor".

A popularidade entre sensibilidade e receptividade *(Pathos)*, entre dinamismo e afirmação *(Ethos)*, a qual, num sentido mais amplo, corresponde à polaridade psicossexual — pois o desempenho do primeiro papel é a modalidade "feminina" e o do segundo, a "masculina" — também pode, a princípio, ser controlada por um ajustamento equilibrado, a ser superado por uma síntese criativa.

A polaridade fundamental entre a personalidade humana como um todo e o *Self* Transpessoal também pode ser solucionada por uma unidade. Este é o objetivo de um longo processo de transmutação, que envolve uma prolongada série de conflitos, abordagens e contatos, cada qual produzindo uma fusão parcial ou mais expandida: em resumo, um processo de psicossíntese transpessoal. Isso constitui o elevado esforço e o drama central do homem que, consciente ou inconscientemente, aspira atingir sua meta ou para ela é empurrado por sua incapacidade de encontrar uma satisfação duradoura ou uma paz verdadeira até que a tenha alcançado. As fases e métodos dessa fusão e síntese foram descritos, preliminarmente, em meu livro *Psicossíntese*.

Estes vários modos de equilíbrio, ajustamentos e integrações podem ser realizados de modos diferentes. Em grande número de casos, são precedidos de crises intensas e de conflitos. Em outros casos, são atingidos de modo mais harmonioso, por meio de um decréscimo gradual nas oscilações do "pêndulo" que balança entre os dois extremos. A pessoa que compreender claramente o processo da psicossíntese estará habilitada a cooperar com ele de uma forma ativa, e a levá-lo a efeito de um modo mais rápido e fácil. A exigência essencial, conforme mencionamos anteriormente, é evitar a identificação com qualquer dos pólos opostos, e controlar, transmudar e dirigir suas energias para um centro unificador mais elevado de consciência e poder.

(In: *O Ato da Vontade*, Roberto Assagioli, Editora Cultrix, São Paulo, 1993.)

A ARTE DE VIVER

FRIEDRICH NIETZSCHE - Escritor e filósofo, nascido no vilarejo de Rocken, na Prússia. É um dos grandes filósofos do século 19. Deixou um vasto legado em filosofia e causou perplexidade quando declarou a "morte de Deus" em uma de suas obras. Sua mais conhecida obra é *Assim Falava Zaratustra*. (1844 - 1900)

> A *vontade de potência* não é um ser, não é um devir, mas um *phatos*, — ela é o fato elementar de onde resultam um *decir* e uma ação...

A vontade de potência como vida

Frederich Nietzsche

É a "vontade de potência" uma espécie de vontade ou é idêntica à idéia de "vontade"? É ela equivalente à idéia de desejar ou de *mandar*? É ela a "vontade" que Schopenhauer pretendia fosse o "em si das coisas"?

Afirmo que a *vontade* da psicologia, tal qual nos foi ensinada até o presente, é uma generalização injustificada que essa vontade absolutamente não existe, que em vez de aprender o desenvolvimento de uma vontade *determinada* sob formas múltiplas, *suprimiu-se o* caráter da vontade fazendo desaparecer o conteúdo e o "aonde"? — é o que notamos num grau mais elevado em Schopenhauer, pois denomina "vontade" uma palavra vazia de sentido. Trata-se ainda menos de uma *"vontade de viver"*, pois a vida é apenas um caso particular da vontade de potência, é absolutamente arbitrário pretender que tudo se esforce por passar dessa forma para a vontade de potência.

Psicologia da vontade de potência

O homem não busca o prazer e não se esquiva ao desprazer: compreende-se a que preconceito célebre quero contradizer aqui. O prazer e o desprazer são simples conseqüências, simples fenômenos secundários. O que o homem quer, o que a menor parcela de organismo vivo quer, é um *plus* de potência. Na aspiração para um fim há tanto prazer quanto desprazer; daquela vontade o homem busca a resistência, tem necessidade de algo que se lhe oponha... O desprazer, obstáculo da vontade de potência, é, portanto, um fato normal, o ingrediente normal de todo fenômeno orgânico; o homem não o evita, ao contrário, tem contínua necessidade dele: qualquer vitória, qualquer sentimento de prazer, qualquer acontecimento pressupõe uma resistência vencida.

Tomemos o caso mais simples, o da nutrição primitiva: o protoplasma estende seus pseudópodes para buscar algo que lhe resista — não porque tenha fome, mas para pôr em ação sua vontade de potência. Depois tenta suplantar esse algo, apropriá-lo, incorporá-lo. O que chamamos nutrição é simplesmente a conseqüência, a aplicação dessa vontade primitiva de tornar-se *mais forte*.

(Não podemos considerar a fome como o *primum mobile*, nem tampouco a conservação de si mesmo. Considerar a fome como conseqüência da nutrição insuficiente, é afirmar que a fome resulta de uma vontade de potência *que não sabe mais comportar-se como soberana*. Não se trata absolutamente do restabelecimento de uma perda — senão mais tarde, com o decorrer da divisão de trabalho, após a vontade de potência ter aprendido a seguir caminhos totalmente diferentes para se satisfazer, que a necessidade de assimilação do organismo reduz-se à fome, à necessidade de compensação para o que perdeu.)

Logo o desprazer não é acompanhado de uma *diminuição de nosso sentimento de potência;* tão de somenos é esse o caso que, geralmente, se trata de uma excitação dessa vontade de potência — o obstáculo é o *stimulus* da vontade de potência.

(In: *Vontade de Potência,* Frederich Nietzsche, Ediouro, Rio de Janeiro, 1980.)

A ARTE DE VIVER

THOMAS EDISON - Inventor, pesquisador e empresário norte-americano. Nasceu na cidade de Milan, Ohio. Famoso por suas descobertas no campo da telegrafia, cinema e eletricidade. Registrou mais de mil patentes, e entre elas a da lâmpada elétrica. Em 1928 foi agraciado com a Medalha de Honra pelo Congresso norte-americano. Em virtude de seus inventos, aos 40 anos de idade já era conhecido no mundo inteiro. É considerado um dos maiores inventores da Humanidade. (1847 - 1931)

> Qualquer homem pode alcançar o êxito se dirigir seus pensamentos numa direção e insistir neles, até que aconteça alguma coisa.

A ARTE DE VIVER

Não há fracasso, apenas retroalimentação ou "informação"

Dr. Harry Alder

Se as coisas não funcionam da maneira como planejamos, pensamos em geral que fracassamos. O entendimento da PNL, no entanto, é que o que acontece nem é bom nem ruim, mas simplesmente informação. Se você quebrou a caixa de marcha quando estava aprendendo a guiar, isso não significa que você fracassou como motorista — mas apenas que aprendeu os resultados de mudar a marcha daquela maneira, modificou seu comportamento e se beneficiou. Você usou informação, ou retroalimentação, para melhorar. Trata-se de uma distinção importante, uma vez que o senso de fracasso (um aspecto de nosso mapa pessoal, e não da realidade) e a baixa auto-imagem que cria afetarão sempre prejudicialmente nosso comportamento. O fracasso, ou um nível inferior de realização, tornar-se-á uma meta subconsciente auto-realizável. Quando você elimina de seu mapa o próprio conceito de fracasso, aparecem todos os tipos de novas possibilidades. Continua, enquanto outros desistem. Veja se reconhece a seguinte biografia condensada:

Fracassou nos negócios à idade de 31 anos.
Foi derrotado em eleição para o Congresso à idade de 32.
Fracassou novamente nos negócios aos 34.
Sofreu a morte da namorada aos 35.
Teve um colapso nervoso aos 36.
Perdeu uma eleição aos 38.
Perdeu uma eleição para o Congresso aos 43.
Perdeu uma eleição para o Congresso aos 46.
Perdeu uma eleição para o Congresso aos 48.
Perdeu uma eleição para o Senado aos 55.
Fracassou na tentativa de eleger-se vice-presidente dos [Estados Unidos aos 56.
Perdeu uma eleição para o Senado aos 58.
Foi eleito presidente à idade de 60 anos.

O nome desse homem era Abraham Lincoln. E não foi a única figura histórica a passar por muitos "fracassos" no caminho para a realização pessoal. Thomas Edison, depois de tentar 9.999 vezes aperfeiçoar a lâmpada elétrica, insistiu: "Eu não fracassei. Simplesmente descobri outra maneira de não inventar a lâmpada elétrica." Na verdade, a lista de indivíduos bem-sucedidos que demonstraram esse princípio é interminável. A *atitude* que eles produzem é o que os manterá em movimento e os fará sobressair entre a multidão. Você aprende com os chamados erros e, dessa maneira, transforma cada efeito — por mais negativo ou doloroso que seja na ocasião — em vantagem. Começa a reconhecer o comportamento que produz resultados e assim ajusta suas prioridades em tempo e esforço.

(In: *PNL Programação Neurolingüística e Você*, Dr. Harry Alder, Editora Record, Rio de Janeiro, 1996.)

A ARTE DE VIVER

OVÍDIO (Publius Ovidius Naso) - Poeta latino, descendente de uma rica família de Sulmana. Iniciou sua carreira pelos estudos jurídicos, mas abandonou-os, dedicando-se à poesia. Gozava de grandes prestígios na corte imperial. Contudo, por razões políticas (segundo alguns historiadores) foi banido de Roma. Entre suas obras (que chegaram até o século 20), incluem-se poemas eróticos, mitológicos, elegias, uma sátira e fragmentos de um poema didático. Sua obra mais importante é *As Metamorfoses*, de tema mitológico. (43. a.C.-18 d.C)

> *Ainda que faltem as forças, a vontade deve ser louvada.*

A ARTE DE VIVER

Afirmação e ato de vontade

Roberto Assagioli

Pelo que até aqui foi dito, poderia parecer que o ato de vontade é um processo complexo, que toma muito tempo — o que é exato, mas apenas no que se refere ao ato completo e autoconsciente. Aliás, quando uma pessoa projeta mudanças importantes na própria vida, certamente há de se esforçar para elaborar todos os seis estágios. Tais ocasiões, porém, são raras e nem sempre é indispensável mergulhar em motivações, envolver consultores e traçar roteiros de causa e efeito, a fim de simplesmente dar início ao dia. Ainda assim, é importante compreender que não falta quem malogre em atos de importância média, por encontrar dificuldades num dos estágios específicos da vontade. Talvez não tenhamos examinado os motivos, ou tenhamos ficado indecisos, ou não tenhamos aprendido a deliberar conscientemente. Por meio do estudo e da compreensão dos seis estágios podemos aprender *como* usar nossa vontade, saber *onde* costumamos falhar e *quais* os exercícios recomendáveis para praticá-la, a fim de superar nossas deficiências. Podemos depois passar a corrigi-las, de modo geral — o que automaticamente melhorará cada um dos pequenos atos de vontade do dia-a-dia. Deste modo, viveremos mais livremente e em maior harmonia com a vida e com nossos verdadeiros objetivos.

A afirmação é um dos mais importantes estágios do ato de vontade. Uma vez levados a efeito todos os estágios da *deliberação*, da *escolha* e da *decisão*, surge a fase da *realização* — para que aquilo que quisermos *aconteça* e *se manifeste*, O primeiro passo ou ato desta fase consiste na *afirmação*. Sem esta, a decisão permanece latente, carente de força dinâmica que a ponha em movimento. A afirmação é, portanto, um "momento" ou estágio essencial da vontade. É este o significado da observação de Spinoza: "A Vontade é o poder de afirmar ou de negar". Note-se que a palavra "poder" tem dois significados: o de "poder", no sentido de capacidade e o de "poder" no sentido de força ou energia.

Precisamos compreender o que está implícito na afirmação da vontade, ou na *vontade afirmativa,* e o que ela requer. Fundamentalmente, é um senso, ou estado de espírito, de *certeza.* Ela tem dois aspectos, ou antes, é a síntese de duas atitudes do interior do homem: a *fé* e a *convicção*. A verdadeira fé por natureza é intuitiva; ela percebe a realidade do que não é evidente ou manifesto, e aceita. Segundo a definição de São Paulo, ela é "a substância das coisas que esperamos e a evidência das que não vemos". A fé que leva a um senso de certeza requer, antes de tudo, a fé em si mesmo, isto é, no *self* real, naquilo que somos essencialmente. Keyserling diz isso de uma forma muito apropriada: "Só essa afirmação interior, chamada fé, pode criar a decisão que 'torna real' o *self* na existência fenomenal... Este espírito vivo..." — afirma Keyserling — "o âmago metafísico do ser humano, não é nem o entendimento nem a razão, ou qualquer outra função especial; é a substância... No sentido mais verdadeiro da palavra, é o que há de mais substantivo no homem. Eis por que a fé tem qualidades mas não é, por si mesma, uma qualidade."

A convicção é, por natureza, mental; ela é alcançada tanto por via da razão como através da aceitação intelectual de uma intuição reconhecida como algo que está em harmonia com a verdade. Na experiência viva, a fé e a convicção coexistem e mesclam-se em proporções variadas. De sua combinação resulta a *certeza*.

Para ser efetiva, a afirmação tem de ser vigorosa; deve possuir forte potencial dinâmico ou intensidade. Para usar uma analogia tirada da eletricidade, ela pode ser chamada alta "voltagem" psicológica. A afirmação pode ser considerada um *comando*, dado por uma *autoridade*. Tal autoridade pode provir de uma posição de responsabilidade ou de alguma função exterior no mundo, mas é essencial e especialmente uma qualidade interior, uma realidade interna, psicológica ou espiritual. Quem quer que a exerça sente, verdadeiramente, ou *sabe*, que a possui, e também aqueles aos quais é dirigida o percebem imediatamente. Essa autoridade pode e deve ser exercida particularmente sobre as energias e funções psicológicas do nosso interior, energias e funções que devemos utilizar a fim de conseguir nosso propósito.

(In: *O Ato da Vontade*, Roberto Assagioli, Editora Cultrix, São Paulo, 1993.)

> Não basta acreditardes no êxito. Um esforço concentrado, ordenado e razoável deve pôr em ação a vossa fé na direção do resultado. O planejar cotidiano forma uma imagem daquilo que o esforço executa.

Henry Frank

A ARTE DE VIVER

Razão e vontade

Huberto Rohden

A Razão, o *Logos*, é a Luz, a Vida, o Espírito Universal.

A Vontade é a direção individual em que a Razão Universal flui.

A Razão é como que um lago imenso, um mar, um oceano de energia estática.

A Vontade é algo como uma torrente dinâmica que sai desse imenso reservatório de energia estática; é uma voltagem que dinamiza a massa da amperagem, canalizando-a em determinada direção.

Quando a Vontade canaliza parte da energia racional para fins pessoais, egoísticos, torna-se ela adversativa, satânica, contrária à Razão Universal; mas quando a Vontade canaliza as águas da Razão numa direção universal, então se torna ela crística, harmonizada com o Logos.

Amor é uma vontade para fins universais, construtivos — rumo ao Cristo.

Egoísmo é uma vontade para fins pessoais, destrutivos — rumo a Satã.

(In: *Roteiro Cósmico*, Huberto Rohden, Editora Martin Claret, São Paulo, 1998.)

A ARTE DE VIVER

CERVANTES (Miguel de) - Escritor e poeta espanhol. Nasceu em Alcalá de Henares, Castilha. Participou de combates e foi herói de guerra, tendo perdido a mão esquerda com um tiro de arcabuz, num combate travado em Lepanto (Costa da Grécia). Escreveu muitas obras, e entre elas a obra-prima *D. Quixote*. Ao final de sua vida, recolheu-se a um mosteiro, integrando-se à Ordem Terceira de São Francisco. (1547-1615)

> Não é justo nem acertado que se cumpra a vontade daquele que manda o que ultrapassa todo discurso razoável.

A ARTE DE VIVER

"Amor e vontade"

Roberto Assagioli

Recentemente foi editado um importante e valioso livro de Rollo May, *Love and Will [Amor e Vontade]. O* autor reconhece com clareza e faz enérgicos comentários sobre a atual falta da capacidade de querer que se verifica na humanidade e sobre a necessidade de redescobrir o uso da vontade. Escreve ele: "A base herdada de nossa capacidade de querer e decidir foi irrevogavelmente destruída. De modo irônico, senão trágico, justamente nesta época portentosa, em que o poder tem crescido de um modo tão tremendo e as decisões se tornaram tão necessárias e fatídicas, é que tomamos consciência de que nos falta qualquer base nova para a vontade". Nessa análise da função do querer é que May, habilmente, assinala as conexões entre desejo e vontade, das quais emergem algumas das características essenciais da vontade. Em sua opinião, porém, a base ou raiz da vontade é aquilo a que ele dá o nome de "intencionalidade". "Na experiência humana, a intencionalidade está subjacente à decisão e à vontade. Ela não só é anterior à vontade e à decisão, como torna-as possíveis". A intencionalidade é parte essencial do primeiro estágio do ato da vontade. Deve preceder e possibilitar todos os estágios subseqüentes. É inerente ao objetivo, ao propósito e à motivação, envolvendo avaliação e significado, os quais, como vimos, são aspectos do primeiro estágio do "querer".

Rollo May faz uma importante apreciação sobre a íntima conexão entre intencionalidade e identidade. "Na intencionalidade e na vontade é que o ser humano vivencia a sua identidade. O 'eu' é o 'eu' de 'eu posso'... O que acontece na experiência humana é 'eu concebo — eu posso — eu quero — eu sou'. O 'eu posso' e o 'eu quero' constituem a experiência essencial da identidade." Outra importante contribuição de Rollo May é seu capítulo sobre a "Relação entre o Amor e a Vontade". "A tarefa do homem", escreve ele, "é unir amor e vontade. Eles não são unidos pelo crescimento biológico, mas devem compartilhar de nosso desenvolvimento consciente... a relação entre amor e vontade... tende para a maturidade, a integração, a perfeição" Rollo May associa igualmente a vontade com "engajamento" e "desvelo". Mas neste ponto faz-se necessária uma reserva, pois existe a "vontade egoísta", a qual poderia ser considerada como o oposto de "desvelo" e da "comunhão de consciências" que — segundo Rollo May — caracteriza a vontade mais elevada. No livro de May há ainda um ponto que requer certas restrições: é a grande ênfase que ele dá ao "demoníaco", sem distinguir claramente entre suas várias formas. O *daimon* de Sócrates, por exemplo, está mais próximo do Eu Transpessoal do que das formas obscuras e instintivas das forças "demoníacas".

Se a psicologia transpessoal não tratou ainda especificamente da questão da vontade, Maslow já fez uma breve mas deliberada referência ao uso deliberado da vontade no sentido transpessoal. "Em princípio é possivel, por meio de uma compreensão adequada... ver a *voluntariedade* sob o aspecto da eternidade, ver o sagrado e simbólico nos casos pessoais e *através* deles, do aqui e do agora."

A psicossíntese — na qual se combinam conceitos e métodos empíricos, existenciais, humanísticos e transpessoais — concede à vontade uma posição preeminente, considerando-a um elemento central e a expressão direta do "eu", ou do *self*. A psicossíntese, conforme sua abordagem empírica, dá mais atenção, não ao "conceito" da vontade, mas à análise do "ato de querer" em seus vários estágios, e aos aspectos específicos e às qualidades da vontade, bem como às técnicas práticas para o desenvolvimento e o uso ótimo da função da vontade.

A quantidade considerável de pesquisas e estudos sobre a vontade — examinados às pressas neste artigo — não é incompatível com a declaração anterior sobre o desapreço e até a negação da vontade pelos psicólogos. As mencionadas pesquisas têm sido, de modo geral, ignoradas pela principal corrente moderna da psicologia acadêmica e, de qualquer modo, não lhe produziram o menor impacto. Pode-se dizer que formaram um ribeirão independente que permaneceu dissociado da corrente principal. Dois livros recentes oferecem um nítido quadro da confusão, dos equívocos e do choque de opiniões que ainda cercam a questão da vontade. Num deles, *The Concept of Willing [O Conceito da Vontade]*, alguns psicólogos e teólogos fizeram uma tentativa tão recomendável quanto importante no sentido de definir o conceito. Embora a maioria das colaborações apresentem informações e pontos de vista interessantes, o editor do livro, Dr. James N. Lapsley, admite honestamente em seu lúcido e objetivo sumário (reveladoramente intitulado "O Conceito da Vontade — Vive?") que, "assim como não havia consenso sobre o modo de atingir os fenômenos da função do querer, também não houve nenhum consenso com respeito àquilo que se encontra quando neles se chega". Pruyser termina sua engenhosa pesquisa histórica, na mesma coleção, chamando a atenção para as impropriedades das concepções da vontade, tanto passadas quanto presentes, para chegar depois à conclusão de que "o problema da vontade continua a ser um desafio difícil para psicólogos, teólogos, filósofos, moralistas e todos os que se interessam pela vontade".

(In: *O Ato da Vontade*, Roberto Assagioli, Editora Cultrix, São Paulo, 1993.)

A ARTE DE VIVER

SCHOPENHAUER - Filósofo alemão, nascido em Dantzig. Seu pai era um rico negociante e desejava que ele seguisse seus passos, no que não foi obedecido. O filho optou por estudar Filosofia. Suas teorias filosóficas foram uma crítica às idéias correntes da época, principalmente o racionalismo kantiano. Schopenhauer nega o poder absoluto do intelecto. Sua obra central é *O Mundo como Vontade e como Representação*. (1788 - 1860)

> **A maior de todas as maravilhas não é o conquistador do mundo, mas o dominador de si próprio.**

Schopenhauer e a vontade

Enciclopédia Abril

A doutrina da vontade

Para Schopenhauer, o principal mérito do idealismo kantiano fora ter provado a impotência da especulação metafísica no sentido transcendental. O impulso de procurar uma explicação global para a realidade levou-o ao extremo da crítica de Kant. Se o mundo é puro fenômeno ou representação, aquilo que Kant chamara de "coisa em si" permanece velado sob a pluralidade da aparência e inacessível à razão. Essa "coisa em si" — encoberta pela representação — poderia contudo, segundo Schopenhauer, ser apreendida pela intuição, embora inacessível ao entendimento: com isso, negava o valor do método como meio de chegar à verdade filosófica, e aproximava a filosofia da concepção romântica da arte. A intuição mostra que a base de toda representação e de todo fenômeno é a Vontade.

A Vontade é intuída a partir da contemplação de nós mesmos, como o substrato sobre o qual se erguem a consciência e o pensamento. No ser humano, a Vontade encontra-se ladeada pela inteligência, mas Schopenhauer não hesitou em identificá-la à "coisa em si": privada assim da conotação de "intenção", a Vontade torna-se o substrato de todas as forças e impulsos representados nos fenômenos. É o princípio fundamental da Natureza: todo corpo é a objetificação da Vontade. Na queda de uma pedra, no crescimento de uma planta ou no puro instinto animal, afirmam-se "tendências" em cuja objetificação se constituem. os corpos.

Essas diversas "tendências", contudo, não passam de disfarces sob os quais se oculta a Vontade una, presente igualmente na planta que nasce e na ação do homem: em outros termos, a "coisa em si" subjacente à ilusão passageira dos sentidos.

Essa vontade é independente da representação, e não se acha submetida às leis da razão: ao contrário de Hegel, para quem o real é racional. Schopenhauer sustenta que o real é em si mesmo, enquanto Vontade, cego e irracional: daí o profundo pessimismo de sua filosofia, para a qual a História é um movimento repetitivo de forças desprovidas de sentido. A Vontade inconsciente e universal não tem meta: quer apenas o querer. A essência do mundo é alheia à razão.

A ética do altruísmo

Da Vontade de viver advém todo o sofrimento: mal inerente à existência, a Vontade de viver gera a dor de modo necessário e inevitável. Aquilo que se conhece como felicidade é tão-somente a negação temporária de um estado de infelicidade. O prazer é o fugaz momento da ausência de dor. Mas não existe satisfação durável: todo prazer é ponto de partida de novas aspirações, sempre obstadas e sempre em luta por sua realização. "Viver é sofrer", afirma

Schopenhauer, resumindo sua visão da existência humana presa ao cego ímpeto da Vontade.

Ligada a esse quadro, a ética de Schopenhauer não está presa à noção de "dever", e rejeita a forma imperativa da filosofia moral, que para ele é uma forma de coerção. Sua Ética não se apoia em mandamentos, mas em uma Metafísica: a contemplação da verdade é o caminho de acesso à moral. O egoísmo que faz do homem o inimigo do homem advém da ilusão de vontades independentes que afirmam cegamente seu ímpeto individual. Conhecendo a natureza única e universal da Vontade, torna-se possível uma Ética: cada pessoa passa a ser vista como a manifestação de uma mesma Vontade, e o interesse de cada indivíduo torna-se idêntico ao interesse dos demais. O altruísmo daí decorrente toma forma na compaixão: para Schopenhauer é este o sentimento ético fundamental, e a ação moral consiste na piedade para com a miséria alheia.

A piedade, contudo, não passa de um paliativo: a passagem do egoísmo para o altruísmo não constitui uma libertação da dor. Segundo Schopenhauer, um dos meios pelos quais a humanidade conseguiu, em meio ao mundo dos fenômenos, aliviar o sofrimento e libertar-se da tirania da vontade, foi a Arte. Na Arte, a Vontade objetiva-se de diferentes maneiras, mas sempre independentemente dos princípios da razão. Sobretudo na Música, independente de imagens, encarna-se a objetivação pura da Vontade que se oculta sob os fenômenos singulares. O gênio criador, dotado da faculdade de intuir essas Idéias objetivadas — que constituem um eco à teoria platônica —, comunica em suas obras sua intuição. Os objetos que cria subtraem-se ao domínio da vontade e do corpo: por isso, por serem a forma do conhecimento puro e desinteressado, permitem ao sujeito que os contempla esquecer sua própria individualidade e anular-se enquanto vontade. A Arte é uma forma de redenção da dor.

(In: *Enciclopédia Abril*, vol. 11, Abril S. A., São Paulo, 1973.)

A ARTE DE VIVER

JESUS DE NAZARÉ (O Cristo) - Fundador da religião cristã e marco cultural da civilização moderna. Nasceu na aldeia de Nazaré. Não deixou nada escrito. Sua vida é contada pelos evangelistas e constitui a essência do Novo Testamento. Ensinava por parábolas e aforismos. Acusado de traição contra o império romano e os religiosos da época, foi condenado e morreu crucificado entre 34 a 37 d.C. É considerado pelo cristianismo como a maior personalidade da história da Humanidade.

> **Pai, se quiseres, afasta de mim este cálice! Contudo, não a minha vontade, mas a tua seja feita!**

A ARTE DE VIVER

O triunfo da vontade
"Genialize-se"

Dr. Walter Doyle Staples

Com a mente que possui hoje, você também tem potencial para ser um gênio — basta começar a fazer melhor uso dos incríveis poderes de pensamento que ela tem. Como destacou William James, "Gênio significa pouco mais que a faculdade de perceber de uma forma não habitual". Como já vimos, você tem 2 elevado a 10^{13} maneiras diferentes de processar informações!

Quando você abre uma mente fechada, a criatividade e a imaginação tendem a ser sugadas para ela como o ar em um aspirador de pó. Quando Sir Isaac Newton (1642-1727), o grande matemático inglês, foi perguntado a respeito de como havia feito para descobrir a lei da gravidade, ele respondeu: "Pensando nela". É claro que foi isso que ele fez, mas trata-se, obviamente, de uma grande supersimplificação. Antes de Newton, muitas pessoas haviam visto uma maçã cair até o chão. Mas Newton dedicou pensamento sério ao assunto e reagiu de forma diferente à sua ocorrência. Ele perguntou a si mesmo: "Por que a maçã caiu para baixo e não para cima?" Ele afastou seu pensamento da trilha tradicional e buscou uma resposta abordando o problema de vários ângulos diferentes.

Para pensar criativamente a respeito de qualquer coisa, você precisa aprender a sair das trilhas muito usadas. Considere por um instante como transformar rapidamente um *FIVE* (cinco) em um *FOUR* (quatro)! Você pode achar este problema intrigante e inicialmente não saber por onde começar. A resposta é: remova as letras "F" e "E" da palavra FIVE e você terá o numeral romano IV, que é o símbolo para FOUR. Neste exemplo, a sugestão era de pensar somente em termos de palavras escritas e não em numerais romanos. Esta resposta surpreendente não será descoberta por pessoas que pensam em padrões semelhantes, ao longo de caminhos familiares, que são bem conhecidos e não representam ameaças para elas.

Da mesma forma, seu atual pensamento está sendo dirigido ou, mais precisamente, *MAL dirigido*, ao longo de certas trilhas que são mais confortáveis para você. É muito mais conveniente aceitar o fato de que nunca poderia falar diante de um grande público do que perceber que você está meramente formando uma opinião a respeito da sua capacidade nessa área em particular. É claro que sua incapacidade para desempenhar essa atividade não é um fato até você adotar a crença que a transforme em um. Os "fatos", em sua maioria, são pura ficção disfarçada, especialmente aqueles que você adotou a seu próprio respeito. Enquanto não aprender a pensar ao longo de trilhas diferentes, você não será capaz de percorrer novas avenidas ou explorar novas possibilidades para atingir seu pleno potencial.

Considere a capacidade para recordar nomes.

Algumas pessoas desenvolveram essa habilidade em um nível fantástico, que uma pessoa média considera impossível. Ouvi falar de um conferencista que esperou os setecentos membros da sua audiência na porta da frente do auditório e perguntou a cada um o nome e sobrenome, onde morava e o que fazia para viver. Pouco mais tarde, já no auditório, ele pediu que todos se levantassem e percorreu todas as filas repetindo a cada um exatamente aquelas informações que havia ouvido pouco antes, apenas uma vez! Contudo esse homem, Harry Lorayne, autor de *The Memory Book,* afirma que qualquer pessoa pode desenvolver a mesma capacidade, afastando seu pensamento das trilhas tradicionais.

Ou considere a capacidade de leitura. Uma pessoa média lê cerca de 250 a 300* palavras por minuto e recorda apenas uns 10%, dez minutos depois. Porém, por meio de instrução adequada, envolvendo movimentos coordenados das mãos e olhos e uma aguda concentração, você pode aprender a fazer com que seu cérebro absorva milhares de palavras por minuto, assim como um decodificador lê preços de mercadorias em um supermercado. Não é raro pessoas que completaram um curso de quinze horas lerem de 4.000 a 7.500 palavras por minuto, com até 85% de compreensão.

Quantas habilidades latentes estão dentro de você, à espera de serem desenvolvidas? Você pode desenvolver sua força; um halterofilista lhe dirá isso. Pode desenvolver seu tato; um cego lhe dirá isso. Você pode aprender uma variedade de idiomas es-

---

* No Brasil a média de palavras lidas por minuto é de 150-200.

trangeiros; um lingüista lhe dirá isso. E pode desenvolver seu paladar; um conhecedor de vinhos lhe dirá isso. Você poderá aumentar sua força de vontade; um psicólogo lhe dirá isso. Você tem todo esse potencial, todas essas capacidades, mas nunca tentou desenvolvê-las além daquilo que seu pensamento corrente decidiu que é normal e aceitável para você.

Para concluir, considere a sabedoria contida neste extraordinário poema de Edgar Guest, intitulado *Equipment* (Equipamento) (tradução livre)[2].

> Avalie você mesmo, meu jovem,
> Você tem tudo o que os grandes homens tinham,
> Dois braços, duas pernas, dois olhos,
> E um cérebro para usar se for esperto.
> Com esse equipamento todos começaram,
> Comece do alto e diga "Eu posso".
>
> Olhe para eles, os sábios e grandes,
> Eles comem de um prato comum,
> Com facas e garfos semelhantes,
> Com laços semelhantes amarram os sapatos,
> O mundo os acha bravos e talentosos,
> Mas você tem o que todos tinham ao começar.
>
> Você pode triunfar e chegar ao sucesso,
> Você pode ser grande, bastando querer.
> Está equipado para a luta que escolher,
> Tem pernas, braços e um cérebro para usar,
> E aquele autor de grandes feitos
> Começou a vida com o mesmo que você.
>
> Você é o obstáculo que deve enfrentar,
> Você é quem escolhe seu lugar,

Você deve dizer para onde quer ir,
O quanto estudar, que verdade conhecer.
Deus o equipou para a vida, mas Ele
Deixa-o decidir aquilo que quer ser.

A coragem deve vir da alma interior,
O homem deve enfrentar com a vontade de vencer.
Então avalie você mesmo, meu jovem,
Você nasceu com tudo o que os grandes tinham,
Com seu equipamento todos eles começaram.
Apoie-se em si mesmo e diga: "Eu posso".

(In: *Pense como um Vencedor*, Dr. Walter Doyle Staples, Livraria Pioneira Editora, São Paulo, 1994.)

A ARTE DE VIVER

MARTIN CLARET - Empresário, editor e jornalista. Nasceu na cidade de Ijuí, RS. Presta consultoria a entidades culturais e ecológicas. Na indústria do livro inovou, criando o conceito do livro-clipping. É herdeiro universal da obra literária do filósofo e educador Huberto Rohden. Está escrevendo o livro *O Infinito Jogo da Vida — Novas Tecnologias para Atualização do Potencial Humano*. (1928 -   )

"
Psicociberneticamente o ato da vontade está na base de toda atividade — mas o que nos faz agir é a imaginação.
"

A ARTE DE VIVER

Sandro Botticelli
(1445-1510)

A pintura renascentista florentina, que se iniciara com artistas como Fra Angélico e Masaccio, adquiriu na segunda metade do século 15, com Botticelli, um caráter refinado, melancólico e elegante, afastado das buscas científicas do princípio do século.

Alessandro di Mariano Filipepi, conhecido como Sandro Botticelli, nasceu em Florença, em 1445. Pouco se sabe dos primeiros anos de sua vida. Por volta de 1465 entrou para o ateliê de Filippo Lippi, cujo estilo elegante marcou claramente suas primeiras obras. Mais tarde trabalhou como ajudante de Andrea Verrochio e conheceu Piero Pollaiuolo, criadores que o influenciaram.

Aos 25 anos, Botticelli já possuía ateliê próprio. Entre as primeiras peças ali produzidas destacam-se a alegoria de *A fortaleza* e o *São Sebastião*, que refletiam a maestria de Pollaiuolo na anatomia e no movimento da figura. Por volta de 1477 pintou uma de suas obras mais conhecidas, *A primavera*, em que apresentou Vênus, diante de uma paisagem arborizada, em companhia das Três Graças, Mercúro e Flora, entre outras personagens mitológicas. O quadro era uma alegoria do reino de Vênus, e a deusa representava a *humanitas*, isto é, a cultura florentina da época.

Em 1481, Botticelli foi chamado a Roma pelo Papa Sisto IV para trabalhar, junto com Ghirlandaio, Luca Signorelli, Cosino Rosselli e Perugino, na decoração da Capela Sistina, onde realizou *A tentação de Cristo* e dois episódios da vida de Moisés, obras que lhe deram fama. De regresso a Florença, trabalhou principalmente para a família Medici e participou ativamente do círculo neoplatônico impulsionado por Lourenço, o Magnífico, cuja vila de Volterra, decorou, em colaboração com Filippino Lippi — filho de seu antigo mestre — e também com Perugino e Ghirlandaio.

Nesses anos realizou suas obras mais célebres, de caráter profano e mitológico, como *Marte e Vênus*, *Palas e o centauro*, *O nascimento de Vênus*, relacionadas com o neoplatonismo do filósofo Marsilio Ficino. Na última delas, executada por volta de 1485, pintou Vênus sobre uma concha, emergindo da espuma do mar, para simbolizar o nascimento da beleza através do nu feminino. O desenho, delicado e rítmico, e o refinado emprego da cor, característicos de Botticelli, alcançaram aí perfeita expressão. Entre os quadros religiosos que realizou nessa época, destacou-se a *Virgem do Magnifat*, quadro circular, em que os ideais de beleza apareciam plasmados no rosto da Virgem.

No princípio da década de 1490, a obra de Botticelli viu-se afetada pelo dominicano Girolamo Savonarola, influente em Florença entre 1491 e 1498, após a morte de Lourenço, o Magnífico. Desapareceu a temática mitológica, substituída por outra, devota e atormentada, cujos melhores exemplos foram a *Pietà* de Munique e *A calúnia de Apeles*, baseada nas descrições de um quadro do grego Apeles.

Botticelli morreu em Florença em 17 de maio de 1510, quando triunfava na Itália a estética do alto Renascimento, a que suas últimas obras não foram alheias, pois várias delas mostram um alargamento de escala e uma importância típicos da nova fase.

A pintura do Quatrocentos italiano teve como último grande representante Sandro Botticelli, cuja obra apresenta uma independência bastante acentuada em relação aos artistas anteriores. Deixando de lado a beleza de suas personagens, assim como o misticismo com que estes são representados, a obra botticelliana emana algo que bem podia entroncar com o enigmático e mesmo com o misterioso. Também contribuam para criar esse efeito as luzes e sombras, que nunca são coerentes e surgem nas obras de maneira completamente aleatória.

Seja como for, o certo é que Sandro Botticelli passou a ser um verdadeiro "mito" na história da pintura.

A ARTE DE VIVER

Última Mensagem

Martin Claret

Este livro-*clipping* é uma experiência educacional. Ele vai além da mensagem explícita no texto.
É um livro "vivo" e transformador.
Foi construído para, poderosamente, reprogramar seu cérebro com informações corretas, positivas e geradoras de ação.
O grande segredo para usá-lo com eficácia é a aplicação da mais antiga pedagogia ensinada pelos mestres de sabedoria de todos os tempos: A REPETIÇÃO.
Por isto ele foi feito em formato de bolso, superportátil, para você poder carregá-lo por toda parte, e lê-lo com freqüência.
Leia-o, releia-o e torne a relê-lo, sempre.
Invista mais em você mesmo.
Esta é uma responsabilidade e um dever somente seus.
Genialize-se!